4차 산업 혁명을 이끄는
**170가지
질문**

4차 산업 혁명을 이끄는
170가지 질문

초판 발행 2018년 2월 1일 | **3쇄 발행** 2019년 12월 30일

글 마르틴 라퐁, 오르텅스 드 샤바네 | **그림** 자크 아잠 | **옮김** 원용옥
펴낸곳 계수나무 | **펴낸이** 위정현 | **출판등록** 2001.1.9 제10-2091호
주소 10881 경기도 파주시 회동길 483(문발동 635-2)
전화 편집부(031)948-6288 영업부(031)948-8765, (070)4243-6504 | **팩스** (031)948-6621
홈페이지 www.gesunamu.co.kr | **이메일** gesunamu21@hanmail.net   gesunamu21@naver.com
블로그 blog.naver.com/gesunamu21 | **페이스북** facebook.com/gesunamu | **인스타그램** @gesunamu21

ISBN 979-11-87914-06-8 73400

Le petit livre des grands pourquoi by Jacques Hazam, Hortense de Chabaneix, Martine Laffon

First published in France under the title: Le petit livre des grands Pourquoi
ⓒ 2014, De La Martinière Jeunesse, a division of La Martinière Groupe, Paris.

Korean Translation ⓒ 2018 Gesunamu Publishing House
Arranged through Icarias Agency, Seoul

이 책의 한국어판 저작권은 Icarias Agency를 통해 Editions du Seuil과 독점 계약한 도서출판 계수나무에 있습니다.
저작권법에 의하여 한국 내에서 보호를 받는 저작물이므로 무단 전재와 복제를 금합니다.

「이 도서의 국립중앙도서관 출판예정도서목록(CIP)은 서지정보유통지원시스템 홈페이지(http://seoji.nl.go.kr)와
국가자료공동목록시스템(http://www.nl.go.kr/kolisnet)에서 이용하실 수 있습니다.(CIP제어번호: CIP2018000508)」

어린이제품안전특별법에 의한 제품 표시

제조자명 계수나무 **제조 연월** 2019년 12월 **제조국** 대한민국 **사용 연령** 9세 이상
주의 사항 종이에 베이거나 긁히지 않도록 조심하세요. 책 모서리가 날카로우니 던지거나 떨어뜨리지 마세요.

4차 산업 혁명을 이끄는
170가지 질문

글 **마르틴 라퐁·오르텅스 드 샤바네**
그림 **자크 아잠** | 옮김 **원용옥**

계수나무

▍스스로 질문하며 생각의 깊이를 더해요

궁금증은 질문을 던지는 것에서 시작되어요

집에서나 학교에서나, 또는 어디를 가든지 보고 듣고 느끼면서 불쑥불쑥 떠오르는 궁금증들이 있어요. '여자와 남자는 왜 다를까요?', '나도 천재가 될 수 있나요?', '우리는 몇 살에 사랑에 빠지나요?', '학교에 꼭 가야만 하나요?', '어떻게 배를 병에 넣을까요?', '어른 말이라고 무조건 따라야 하나요?', '죽는다는 게 뭐예요?' 하는 거요. 쓸데없는 질문인 것 같나요? 아니에요!

궁금증에 대해 과학적으로 차근차근 접근해요

누구도 질문을 하지 않는 세상을 상상해 보세요. 궁금한 게 하나도 없고, 알고 싶은 게 없다니요! 옆에 있는 친구에게도 말을 걸지 않아요. 상상만 해도 심심하지 않나요? 질문을 던지며 우리는 새로운 발견을 할 수 있어요. 위대한 발견도 궁금한 질문으로부터 시작되었다는 것을 여러분도 잘 알고 있을 거예요. 의문을 품고. 질문을 던지고. 질문에 대한 답을 찾아가는 과정에서 우리는 새로운 사실을 마주하고 스스로 생각하는 힘을 기를 수 있지요.

4차 산업 혁명 시대의 주인공에게는 창의력이 필요해요

4차 산업 혁명은 인공 지능이나 사물 인터넷 등의 신기술이 경제나 사회 분야에 융합되어 우리 생활이 급속도로 변화하는 현상을 말해요. 4차 산업 혁명 시대에서 창의력은 아주 중요해요. 제아무리 과학 기술이 변한다 해도 그 기술을 만들어 내는 것은 사람의 창의적인 생각에서 나오는 것이니까요. 생각하는 힘을 기르면 자연스럽게 창의력도 생긴답니다.

이 책에는 미래 세대의 주인공들이 궁금해하는 질문이 170가지나 들어 있어요. 질문에 대한 답변이 철학적이고 과학적이지만, 이해하기 쉽게 설명되어 있어요. 몸, 뇌, 마음, 어른, 사회, 발견, 과학, 철학이라는 8가지 주제로 나뉘어 있지요. 170가지의 질문들을 처음부터 하나하나 읽어 나가도 되고, 각자 관심 있는 주제부터 골라 읽어도 재미있어요.
이 책을 읽고 나서, 다른 궁금증에 대해서도 스스로 질문을 던지고 논리적인 사고력과 창의적인 생각으로 자신의 내면을 더욱 알차게 만들 수 있기를 바랍니다.

차례

몸이 궁금해

- 16 • 눈물은 왜 나요?
- 18 • 왜 발이 저리면 개미 떼가 들끓듯 찌릿찌릿해요?
- 20 • 왜 자꾸 당근을 먹으라고 해요?
- 22 • 다이어트는 왜 하나요?
- 24 • 면도는 꼭 해야 하나요?
- 26 • 왜 어릴 때 이가 빠지나요?
- 28 • 왜 선사 시대 사람들은 우리보다 털이 더 많았을까요?
- 30 • 부러진 뼈가 어떻게 다시 붙어요?
- 32 • 할아버지와 할머니는 왜 머리가 흰가요?
- 34 • 어쩌다 대머리가 되는 건가요?
- 36 • 왜 우리는 서로 다르게 생겼죠?
- 38 • 한 번 쓴 수건도 꼭 빨아야 해요?
- 40 • 왜 병에 걸리나요?
- 42 • 왜 감기에 걸리나요?
- 44 • 여자와 남자는 왜 다를까요?
- 46 • 왜 여자들 가슴만 커요?
- 48 • 아기는 어떻게 생기나요?
- 50 • 엄마 배 속의 아기는 어떻게 숨을 쉬나요?
- 52 • 왜 사람마다 피부색이 달라요?
- 54 • 우리 몸도 불에 타나요?
- 56 • 사람은 지금도 진화하고 있나요?

뇌가 궁금해

- 60 • 나도 천재가 될 수 있나요?
- 62 • 거짓말은 왜 하게 될까요?
- 64 • 시금치는 왜 초콜릿처럼 맛있지 않아요?
- 66 • 토마토는 왜 빨간색일까요?
- 68 • 왜 사람마다 느끼는 아픔이 다른가요?
- 70 • 왜 차를 타면 멀미가 나요?
- 72 • 어떻게 기억을 할 수 있지요?
- 74 • 왜 자꾸 방 정리를 하라고 해요?
- 76 • 왜 꼭 자야 하나요?
- 78 • 자는 동안 누가 내 생각을 훔쳐 가면 어쩌죠?
- 80 • 생각을 외국어로 할 수 있나요?
- 82 • 왜 꿈을 꿀까요?
- 84 • 시각 장애인도 꿈을 꾸나요?
- 86 • 아이디어는 어떻게 생기나요?
- 88 • 화가들도 우리와 같은 걸 보나요?
- 90 • 미쳤다는 게 뭐예요?

마음이 궁금해

- 94 • 사랑 없이 어떻게 살 수 있을까요?
- 96 • 우리는 몇 살에 사랑에 빠지나요?
- 98 • 진짜로 사랑한다는 것을 어떻게 알죠?
- 100 • 사랑이 어떻게 변해요?
- 102 • 왜 질투를 할까요?
- 104 • 어떻게 친구를 사귀어요?
- 106 • 이르지 않고 문제를 해결할 수 있나요?
- 108 • 친구들이 왜 나를 끼워 주지 않을까요?
- 110 • 왜 화를 내고 심술궂게 굴까요?
- 112 • 화가 나는데 어떻게 참아요?
- 114 • 남자라고 무조건 축구를 좋아해야 하나요?
- 116 • 백마 탄 왕자님은 어디에 가야 만날 수 있어요?
- 118 • 마녀는 왜 모두 못됐나요?
- 120 • 초콜릿이 먹고 싶은데 어떻게 참아요?
- 122 • 왜 손톱을 물어뜯어요?
- 124 • 왜 엄지손가락을 빨면 기분이 좋아져요?
- 126 • 내 소원이 과연 이루어질까요?
- 128 • 왜 어둠이 무서울까요?
- 130 • 상담을 받는다고 문제가 해결되나요?
- 132 • 모두 다 챔피언이 될 수는 없나요?

어른이 궁금해

- 136 • 왜 우리 아빠는 슈퍼맨이 아닌가요?
- 138 • 부모님은 왜 항상 자녀 걱정을 할까요?
- 140 • 어른들은 왜 잔소리를 하나요?
- 142 • 부모님이 화내는 걸 막을 수 없나요?
- 144 • 부모님은 어떻게 내가 한 일을 다 알까요?
- 146 • 피아노 학원, 꼭 다녀야만 해요?
- 148 • 왜 강아지를 못 키우게 하나요?
- 150 • 부모님이 게임의 세계를 이해할까요?
- 152 • 식사 준비는 왜 도와야 해요?
- 154 • 부모님은 왜 일만 할까요?
- 156 • 가족끼리도 비밀이 있나요?
- 158 • 내 방은 나만의 공간이 아닌가요?
- 160 • 한 부모 가정에서 산다는 건 어떤 거예요?
- 162 • 어른도 실수를 하나요?
- 164 • 나는 언제 어른이 되나요?
- 166 • 영원히 어린이로 살 수 없나요?
- 168 • 아이들은 왜 어른 흉내를 낼까요?
- 170 • 어른 말이라고 무조건 따라야 하나요?
- 172 • 어른도 거짓말을 하나요?
- 174 • 어른은 노는 걸 싫어하나요?

사회가 궁금해

- 178 • 커서 무슨 일을 해야 할까요?
- 180 • 일은 꼭 해야 하나요?
- 182 • 어쩌다 일자리를 잃나요?
- 184 • 학교에 꼭 가야만 하나요?
- 186 • 학교 공부가 쓸모 있나요?
- 188 • 어른은 학교에 안 가도 배울 수 있나요?
- 190 • 왜 이웃집은 우리 집처럼 살지 않나요?
- 192 • 왜 부자와 가난한 사람이 있을까요?
- 194 • 어려운 이웃을 어떻게 도울까요?
- 196 • 세금은 왜 내야 하나요?
- 198 • 왜 싸우는 건가요?
- 200 • 누가 나를 때렸다면 나도 똑같이 때려야 할까요?
- 202 • 잘못했을 때 어떻게 용서를 빌어요?
- 204 • 법은 항상 옳은가요?
- 206 • 왜 사람을 감옥에 가두나요?
- 208 • 죄수는 모두 나쁜 사람인가요?
- 210 • 교도소에서는 어떻게 지내나요?
- 212 • 전쟁은 왜 하나요?
- 214 • 어쩌다 어린이들이 전쟁터로 내몰리게 되나요?
- 216 • 군인도 전쟁이 무서울까요?
- 218 • 어떻게 벌레를 먹을 수 있어요?
- 220 • 어떻게 개를 먹을 수 있나요?
- 222 • 디저트 접시는 왜 수프 그릇보다 작아요?
- 224 • 만우절 장난은 어떻게 생겨난 거예요?

발견이 궁금해

- 228 • 위대한 발견은 어떻게 이루어지나요?
- 230 • 인류의 조상이 진짜 침팬지예요?
- 232 • 하루는 왜 24시간이에요?
- 234 • 일주일은 왜 7일인가요?
- 236 • 음악은 어떻게 시작되었나요?
- 238 • 집집마다 문은 왜 있는 건가요?
- 240 • 국기는 왜 만들었나요?
- 242 • 치료 약은 어떻게 만들어 냈어요?
- 244 • 초콜릿은 누가 처음 만들어 냈나요?
- 246 • 언제부터 커피를 마셨나요?
- 248 • 물감은 어떻게 만들어졌나요?
- 250 • 불꽃놀이는 언제부터 했나요?
- 252 • 박물관은 어떻게 생겨났나요?
- 254 • 시각 장애인은 어떻게 글자를 읽어요?
- 256 • 기중기 없이 어떻게 성을 지었나요?
- 258 • 영국 자동차 운전석은 왜 오른쪽에 있어요?
- 260 • 어떻게 무거운 배가 물에 뜨나요?
- 262 • 어떻게 배를 병에 넣을까요?
- 264 • 어떻게 해저 터널을 뚫어요?
- 266 • 비행기는 어떻게 날아요?
- 268 • 줄무늬 치약은 어떻게 만들어요?
- 270 • 지구가 둥글다는 건 어떻게 알았나요?

274 • 하늘은 왜 파래요?
276 • 밤과 낮은 왜 생기나요?
278 • 지구 반대편에서는
　　　물구나무서기를 하고 걷나요?
280 • 바람은 왜 보이지 않아요?
282 • 어떻게 지구에
　　　생명체가 살게 됐나요?
284 • 별이 별 모양이 아니라고요?
286 • 밤하늘의 별은 왜 빛나요?
288 • 비는 왜 내려요?
290 • 천둥소리는 왜 나요?
292 • 무지개는 왜 생기나요?
294 • 지진이 일어나는 곳이 따로 있나요?
296 • 식물도 말을 하나요?
298 • 꽃들은 왜 향기가 좋은가요?
300 • 어떻게 사막에서 식물이 살아요?
302 • 반딧불이는 어떻게 빛을 내요?
304 • 어른들에게는 머릿니가 없나요?
306 • 왜 거미를 무서워할까요?
308 • 새들은 어떻게 높은 하늘에서
　　　땅 위의 사냥감을 볼 수 있나요?
310 • 수탉은 어떻게 매일
　　　같은 시간에 울죠?
312 • 철새는 어떻게 길을 찾나요?
314 • 개와 고양이는
　　　서로 친구가 될 수 없나요?
316 • 산과 언덕 속에는 무엇이 있나요?
318 • 고래가 노래를 부른다고요?
320 • 물고기도 잠을 자나요?
322 • 왜 동물마다 수명이 달라요?
324 • 수의사는 동물이 아픈 걸
　　　어떻게 알지요?

328 • 동화는 어떻게 생겨났나요?
330 • 동화 속 이야기는 다 거짓인가요?
332 • 어떻게 뾰족한 못 위를 걷나요?
334 • 세상에 왜 이토록
　　　많은 신이 있나요?
336 • 신을 꼭 믿어야 하나요?
338 • 정말 신이 인간을 창조했나요?
340 • 왜 기도를 하는 걸까요?
342 • 사람들은 왜 미신을 믿어요?
344 • 죽는다는 게 뭐예요?
346 • 죽은 다음에는 어떻게 되나요?
348 • 죽으면 하늘로 가나요?
350 • 사랑하는 사람이 죽었는데
　　　어떻게 살아요?
352 • 왜 아이들은 장례식에
　　　못 가게 하나요?
354 • 결혼은 왜 하는 건가요?
356 • 우리가 행복한지 어떻게 알아요?
358 • 영원하다는 게 무엇인가요?
360 • 성공한다는 것이 무엇인가요?
362 • 내가 살고 있는 세상이
　　　진짜인지 어떻게 알아요?
364 • 꼭 내 생각을 말해야만 하나요?
366 • 모두 한 가지 언어로만
　　　말하면 안 되나요?
368 • 미래를 알 수 있나요?

몸이 궁금해

| 몸이 궁금해 | 뇌가 궁금해 | 마음이 궁금해 | 어른이 궁금해 |

눈물은 왜 나요?

갑자기 바람이 불 때, 등골이 오싹할 정도로 무서울 때, 날벌레가 마구 날아들 때, 몹시 슬플 때, 세균에 감염되어 참을 수 없이 아플 때! 바로 이럴 때 눈물 공장이 가동되지요. 눈물 공장은 몸이 아픈 것과 마음이 아픈 것을 구별하지 못해요.

그런데 눈물 공장은 어떻게 작동할까요?
눈물은 왜 나오는 걸까요? 차창에 티끌만
묻어도 알아서 세정액이 나오는 고급
자동차를 상상해 보세요. 이 꿈에 그리던
차와 똑같이 우리 눈에는 외부 자극을 받으면 눈을 보호하기
위해 작동하는 훌륭한 장치가 있어요. 바로 눈동자를 덮고 있는
투명한 막, 각막이에요. 세정액은 눈물, 와이퍼는 눈꺼풀이지요.

**이 훌륭한 눈물 공장은 하루 평균 1.5밀리리터의 눈물을
만들어 일정하게 흘려보내요.** 하지만 어떤 '자극'을
받으면 원래 상태로 되돌려 놓으려고 진정이 될 때까지
끊임없이 눈물을 만들어 내지요. 너무 많이 만들어지면
뺨과 코를 타고 줄줄 흘러내리기도 해요.

그럴 때에는 참지 말고 울기로 해요. 눈물은 몸 안팎의 더러움을
모두 씻어 내거든요. 몸에 난 상처만이 아니라 마음의 상처까지
낫게 해요. 더구나 눈물이 눈을 보호해서 시력을 유지하고 잘 볼 수
있게 해 준답니다.

몸이 궁금해

왜 발이 저리면 개미 떼가 들끓듯 찌릿찌릿해요?

누가 정말 개미집에 발을 넣어 봤던 게 아닐까요? 직접 해 보지 않고 도대체 누가 개미 떼가 몸속에서 들끓듯 찌릿찌릿하다는 표현을 했을까요?

이건 진짜 개미 이야기가 아니에요. '피의 순환'을 표현한 것이지요. 다리를 꼬고 앉거나 무릎을 꿇고 앉거나 쪼그려 앉으면, 혈관이 접히거나 눌려 피가 제대로 흐르지 못하게 돼요. 하지만 심장은 일정한 속도로 피를 온몸으로 밀어 내지요. 또, 피는 심장으로 일정하게 계속 흘러와요. 이때 접히거나 눌린 부분에서 피가 흘러가지 않으니 혈관이 막혀 피가 몰리게 되지요.

이렇게 피가 흐르는 길이 막히면, 물이 흐르지 못하게 강에 둑을 쌓아 놓은 것과 비슷한 상황이 돼요. 그러다 자세를 바꾸면서 막혔던 핏줄이 뚫리면, 흐르지 못하고 몰려 있던 피가 서로 먼저 지나가려고 하지요. 그 힘이 얼마나 센지 말초 신경들이 찌릿찌릿, 간질거리는 느낌이 나는 거예요. 엄청난 개미 떼가 발을 콕콕 찌르며 몰려드는 것처럼 말이에요. 이럴 때에는 마사지를 하거나 벌레처럼 뛰며 춤을 춰 봐야 소용없어요. 피가 제대로 다 흐를 때까지 저린 부위는 계속 찌릿찌릿해요. 정말 괴롭지요!

| 몸이 궁금해 | 뇌가 궁금해 | 마음이 궁금해 | 어른이 궁금해 |

왜 자꾸 당근을
먹으라고 해요?

당근을 좋아하든 싫어하든, 당근이 얼마나 몸에 좋은지는 귀에 딱지가 앉도록 들었을 거예요. 당근을 먹으면 깜깜한 밤에 잘 볼 수 있다거나 예쁜 엉덩이를 가지게 된다거나 기분이 좋아지고 상냥해진다거나 하는 이야기들 말이에요. 그런데 놀랍게도 이게 다 사실이에요!

고대 그리스와 로마 사람들은 당근을 병을 치료하는 데 썼어요. 물론 그 시대의 당근은 지금의 당근과 아주 달랐어요. 주황색의 예쁜 뿌리채소가 아니라 검보라색이었고, 돌처럼 단단했지요. 그런데도 이 당근을 먹어 본 그리스와 로마 사람들은 여러 가지 효능이 있다고 믿었어요.

| 사회가 궁금해 | 발견이 궁금해 | 과학이 궁금해 | 철학이 궁금해 |

당근의 효능을 알고 있었던 샤를마뉴 대제*는 제국의 모든 수도원 텃밭에서 당근을 재배하도록 했어요. 오늘날에도 여전히 당근, 아니 당근에 함유된 카로틴을 꼭 먹으라고 의사들이 추천할 정도로 당근은 놀라운 음식이에요.

카로틴은 우리 몸속에서 비타민 A로 바뀌는 색소예요. 그리고 여러 면에서 무척 중요한 역할을 하지요. 특히 태양 광선으로부터 피부를 보호하고 피부 노화를 늦춰 주어요. 그래서 당근을 먹으면 피부가 좋아지지요.

비타민 A는 또 간세포의 재생을 도와요. 간에 문제가 있는 사람은 늘 우울하고 기분이 나쁘지요. 그래서 간에 병이 생기면 치료를 위해 당근을 많이 먹으라고 한답니다. 무엇보다 활기를 되찾는 데 도움이 돼요. 이제 이해했죠? 활기차고 건강해지려면 당근을 꼭꼭 먹어야 해요!

*샤를마뉴 대제(748년경~814년경) : 현재 서유럽에 해당하는 넓은 지역을 통치했던 프랑크 제국의 황제.

몸이 궁금해	뇌가 궁금해	마음이 궁금해	어른이 궁금해

다이어트는 왜 하나요?

"디저트요? 고맙지만 사양할게요. 다이어트 중이거든요."
이런 말 종종 듣지요? 하지만 음식을 조절하는 식이 요법은
꼭 살을 뺄 때에만 하는 게 아니에요.

다이어트를 하는 이유나 방식도 제각각이에요. 사람들은 문화적, 의학적, 종교적, 철학적, 미적인 이유로 다양한 방식의 식이 요법, 즉 다이어트를 해요. 어떤 종교는 신자들에게 일정 기간 음식을 먹지 않는 단식을 하게 하거나 정해진 음식만 먹게 하지요. 건강상의 이유로 특정 음식을 먹지 못하는 사람도 있어요. 땅콩, 새우, 복숭아 같은 음식에 알레르기가 있는 사람은, 이 음식을 먹으면 아프기 때문에 먹고 싶어도 먹지 못해요. 소를 신성하게 여기는 인도 사람들이 소고기를 먹지 않는 것처럼 나라에 따라 신성하게 여기는 동물의 고기는 먹지 않기도 해요. 동물에 영혼이 있다고 믿는 사람들은 육식을 전혀 하지 않고 채식만 하기도 한답니다.

살을 빼기 위해 식이 요법을 하는 사람도 있어요. 비만인 사람은 지방과 설탕 섭취를 제한해요. 하지만 잡지 모델처럼 날씬해지려고 무리한 식이 요법을 하는 것은 위험해요! 개미 코딱지만큼 먹는다고 사진 속 모델처럼 되는 건 아니에요.

잡지 속 모델의 모습은 실제와 달라요. 사진 기술과 화장술, 포토샵으로 만들어 낸 연출된 모습이죠. 그 모습을 따라 하려다가는 병에 걸릴 수 있어요. 몸은 다양하고 균형 잡힌 음식을 필요로 해요. 그 말은 케이크를 먹지 말라는 소리가 아니에요. 단숨에 세 조각을 먹어 치워서는 안 된다는 뜻이지요. 너무 많이 먹는 것은 좋지 않아요!

| 몸이 궁금해 | 뇌가 궁금해 | 마음이 궁금해 | 어른이 궁금해 |

면도는 꼭 해야 하나요?

염소 수염, 간신 수염, 히틀러의 콧수염 등 수천 년 동안 수염도 유행을 탔어요. 다양한 면도 방식이나 수염 손질법을 시도하며 남자 어른들은 콧수염을 멋지게 다듬으려 노력해 왔지요.

남자아이들은 초조하고 떨리는 마음으로 수염이 날 때를 기다려요.
수염이 날 때 아플까, 근질거릴까? 가위로 자를까, 아니면 아빠 면도기를 쓸까? 어느 방향으로 잘라야 하지? 면도하다 살을 베면 어쩌지? 이런저런 고민이 될 때 가장 좋은 해결책은 남자 어른에게 도움을 구하는 거예요. 게다가 이런 고민은 여자들도 한답니다. 턱수염이 아니라 다리나 겨드랑이 털 때문에요.

털에 대한 생각은 어떤 문화권이냐에 따라 다를 수 있어요.
서양 사람들은 몸에 털이 한 오라기도 없이 매끈한 피부를 가진 여자를 미인으로 생각해요.

하지만 중앙아프리카에서는 털이 북슬북슬한 여자를 미인으로 여기지요. 탐스러운 털을 가진 여자를 모두 부러워한다는 소리예요.

그러니까 면도는 반드시 해야 하는 건 아니에요! 하나 더! 조심한다면 면도하는 건 손톱을 자르거나 머리카락을 자르는 것처럼 조금도 아프지 않답니다.

몸이 궁금해 | 뇌가 궁금해 | 마음이 궁금해 | 어른이 궁금해

왜 어릴 때 이가 빠지나요?

아기 돌고래는 이빨이 난 채로 태어나요. 무려 260개나 되는 이빨을 가지고 있지요. 그렇게 이빨이 많으니 몇 개쯤 빠져도 문제될 게 없겠지요? 뱀과 악어는 사는 동안 모두 25번이나 이빨을 간대요.

사람의 이는 두 번 연속으로 자라요. 태어나 처음 난 이를 젖니, 젖니가 빠지고 나는 이를 영구치라고 해요.

| 사회가 궁금해 | 발견이 궁금해 | 과학이 궁금해 | 철학이 궁금해 |

엄마 배 속에서 2개월째가 되면 아기의 잇몸 안에 젖니는 물론 영구치 자리가 생겨요. 젖니는 잇몸 안에 있다가 아기가 태어난 뒤로 계속 자라나 6개월 무렵 잇몸 밖으로 처음 모습을 드러내요. 젖니가 났다는 건 아기의 소화 기관이 엄마 젖이 아닌 다른 음식을 먹을 준비가 됐다는 뜻이에요. 그래서 젖 먹을 때 난 이라고 '젖니'라고 부른답니다.

턱의 크기는 만 15세경에야 완성되어요. 그때까지 젖니 20개가 모두 빠지고 영구치 28개가 다 나지요. 처음부터 그 많은 이를 작은 입안에 다 넣고 다닐 수는 없잖아요. 프랑스에는 첫 어금니 4개가 나면, 생쥐가 아이들 젖니를 가져가고 용돈을 물어다 준다는 이야기가 있어요. 젖니가 빠지고 영구치가 자란다는 뜻이에요.

사람에 따라 평생 날지 안 날지 모르는 사랑니 4개를 빼면 누구나 만 15세경에 영구치가 모두 난답니다.

| **몸이 궁금해** | 뇌가 궁금해 | 마음이 궁금해 | 어른이 궁금해 |

왜 선사 시대 사람들은 우리보다 털이 더 많았을까요?

선사 시대 사람들은 옷도 없고, 집도 없고, 불을 피울 줄도 몰랐어요. 추위에 살아남으려면 옷을 대신할 털이 꼭 필요했지요. 하지만 불을 피울 줄 알게 되고, 집을 짓고, 옷을 만들어 입으면서 털은 점차 필요 없게 됐어요. 그런데도 우리 몸에 왜 아직 털이 남아 있냐고요?

머리카락, 눈썹, 속눈썹을 제외하면 대부분 털은 아주 가늘고 짧고 힘이 없는 솜털이에요. 사춘기에는 조금 더 두껍고 진해지기도 하지요. 사람마다 수명이 다르듯, 성별이나 나이에 따라, 또는 어느 곳에 나느냐에 따라 생김새와 자라는 속도가 다 달라요.

털은 보통 피지샘에 연결되어 있어요. 이 작은 주머니는 기름 성분을 띠는 피지를 만들어 내지요. 피지는 피부를 방수 처리하듯 뒤덮은 채로 박테리아 같은 병균의 공격을 막아요. 또, 체온을 일정하게 유지하는 데도 큰 역할을 해요. 굉장하지 않나요?

"그런 말 마! 소름 돋아!"

한 번쯤 이런 말 들어 봤지요? 몹시 춥거나 공포를 느끼거나 강한 분노를 느낄 때, 털을 감싸고 있는 근육이 긴장해 쪼그라들며 생기는 현상이에요. '소름' 혹은 '닭살'이라고 부르지요. 수백만 년 전 아직 털이 부숭부숭할 때 털을 세워 몸집을 커 보이게 함으로써 적을 놀라게 했던 본능이 남아 있는 거예요.

그런데 혹시 알고 있나요?

고슴도치 가시가 사실은 털이랍니다!

몸이 궁금해	뇌가 궁금해	마음이 궁금해	어른이 궁금해

부러진 뼈가 어떻게 다시 붙어요?

우리가 서고 이동할 수 있는 건 '뼈'가 있어서예요. 우리 몸에는 크고 작은 뼈들이 무려 214개나 있어요. 뼈는 많은 조직으로 이루어져 있어요. 뼈가 단단한 것은 뼈조직 안에 무기질이 있기 때문이에요. 무기질 중에서도 특히 칼슘이 많아요. 우리가 살아 있는 동안 뼈조직은 칼슘을 혈액 속으로 내보내기도 하고, 혈액 속에 있는 무기질 덕분에 재생되기도 해요.

큰 충돌로 뼈가 부러지거나 금이 갈 수 있어요. 의사 선생님은 엑스레이로 다친 부위를 찍어 뼈에 금이 갔는지, 부러졌는지, 또는 으스러졌는지를 확인하고, 어떤 치료를 할지 결정하지요.

만약 뼈에 금이 갔다면, 몇 주 정도 부목을 대거나 석고 붕대를 해 다친 부위를 고정하는 것으로 치료가 충분해요. 하지만 뼈가 으스러졌거나 부러졌을 때에는 금속판이나 나사 등이 필요하지요.

| 사회가 궁금해 | 발견이 궁금해 | 과학이 궁금해 | 철학이 궁금해 |

석고 붕대를 하기 전에 뼈를 원상태로 복구하기 위한 수술을 해야 할 경우도 있어요. 석고 붕대를 한다고 해서 뼈가 붙는 것은 아니에요. 단지 움직일 때 생기는 고통을 덜어 주고 뼈가 잘 붙을 수 있도록 단단히 고정해 주지요. 석고 붕대로 고정이 되어 있는 동안 뼈는 스스로 부러진 곳, 금이 간 곳을 치유해요. 뼈조직이 자라나 금이 가고 부서진 곳을 풀처럼 메우고 이어 준답니다.

할아버지와 할머니는 왜 머리가 하얀가요?

사람마다 피부색이 다른 것은 피부 세포 속에 있는 멜라닌이라는 갈색 색소 때문이에요. 멜라닌은 햇빛 속에 포함된 자외선 때문에 우리 피부가 상하는 것을 막아 주는 역할을 해요. 머리카락 뿌리에도 멜라닌이 있어서 햇빛으로부터 머리카락이 손상되는 것을 막아 준답니다.

머리카락 뿌리에 얼마나 많은 멜라닌이 있느냐에 따라 검은색, 붉은색, 밝은 노란색, 흰색으로 머리카락 색깔이 달라져요.

나이가 마흔 살 남짓 되면 세포는 멜라닌을 만들어 내는 능력이 줄어들어요. 그러면 머리카락은 제 색깔을 잃고 흐려지지요. 점차 회색이 되다 어느 순간 흰색이 되는 거랍니다.

할아버지와 할머니의 머리카락이 하얀 것도 이 때문이지요.
하지만 아주 젊은 나이에 흰 머리가 나기도 해요. 심각한 충격을 받아, 멜라닌을 생산하는 데 문제가 생긴 경우이지요.
어떤 때에는 이유 없이 아주 빠르게 멜라닌 생산이 멈춰 백발이 되기도 한답니다.

| 몸이 궁금해 | 뇌가 궁금해 | 마음이 궁금해 | 어른이 궁금해 |

어쩌다 대머리가 되는 건가요?

사람 머리에는 대략 12만 가닥의 머리카락이 있어요. 한 달에 보통 1센티미터씩 자라지요. 그러니까 1년이면 머리카락이 12센티미터 남짓 길어져요.

머리카락의 수명은 보통 3년에서 8년 정도예요. 평생 15번가량 새 머리카락이 난다는 말이지요.

누군가 대머리가 됐다면, 그것은 새 머리카락이 나고 빠지는 순환 주기가 너무 빨랐기 때문이라고 생각하면 돼요. 머리카락이 3년도 채 안 되어 빠지는 걸 여러 번 반복했다는 뜻이지요. 그래서 몸에 지니고 있던 머리카락이 다 동이 난 거예요.

| 몸이 궁금해 | 뇌가 궁금해 | 마음이 궁금해 | 어른이 궁금해 |

왜 우리는 서로 다르게 생겼죠?

우리는 모두 다르게 생겼어요. 심지어 쌍둥이조차도요. 우리가 저마다 모습이 다른 이유가 무엇인지 과학적으로도 궁금했어요. 그래서 과학자들은 '다름'의 원인인 유전과 유전학에 오랫동안 관심을 가져 왔어요.

모든 세포는 우리 몸을 구성하는 데이터 칩인 유전자 막대를 가지고 있어요. 그 유전자 막대에 입력되어 있는 정보의 양은 슈퍼컴퓨터의 데이터만큼 방대해요. 유전자는 남과 다른 오롯한 한 사람을 만들어 내는 정보와 제조법으로 가득 차 있어요. 이것을 '유전자 지도'라고 해요.

그런데 만약 날씨나 음식, 주거 환경이 우리의 모습을 바꿀 수 있다면요? 실제로 추운 북극과 무더운 적도에 사는 사람들의 모습이 아주 달라요. 그렇다고 아메리카와 아시아, 아프리카, 유럽, 오세아니아 지역만의 특별한 유전자가 발견된 것은 아니에요.

같은 인종끼리는 비슷한 유전자를 가지고 있어요.
이 유전자는 인종의 특성을 많이 가지고 있어서 후손에게 특징을 전달해요. 그래서 우리는 다르면서도 서로 닮은 것이랍니다. 신비로운 일이에요. 기계로 찍어 낸 물건들처럼 우리 모두가 똑같지 않다니 말이에요!

| 몸이 궁금해 | 뇌가 궁금해 | 마음이 궁금해 | 어른이 궁금해 |

한 번 쓴 수건도
꼭 빨아야 해요?

목욕을 하고 나면, 몸은 아주 깨끗하겠지요? 그런데 왜 깨끗한 몸을 닦은 수건을 빨아야 하나요? 한 번 더 쓰면 안 되나요? 피부는 몸의 가장 바깥 부분을 덮고 있으면서 외부의 자극으로부터 몸을 지키는 역할을 해요. 보호막인 셈이지요.

피부는 크게 외피, 진피, 피하 조직으로 불리는 세 개의 층이 겹쳐 있어요. 그중 외피는 네댓 개의 세포층이 벽돌집의 벽돌처럼 어긋나며 겹쳐 있어서 아주 견고하지요. 웬만큼 날카로운 무기가 아니면 피부를 쉽게 뚫지 못해요.

이 외피의 가장 바깥에는 각질이 있어요. 각질은 외피 세포들이 새롭게 생겨날 때, 오래된 세포가 바깥쪽으로 밀려나면서 피부층에서 떨어져 나가는 물질을 말해요. 외피 세포가 각질이 되어 떨어져 나갈 때까지 20일가량이 걸려요. 이렇게 각질이 떨어져 나가는 것을 '박리'라고 하는데, 젊고 건강한 피부는 이 활동이 활발해요. 재생이 잘된다는 뜻이에요. 다시 말해 우리 피부는 3주에 한 번 새로운 피부로 다시 태어나는 셈이지요. 그러니까 날마다 물과 비누로 피부를 씻는 것은 박리 작용을 돕는 것이에요.

물로 몸을 씻으면, 피부에 묻어 있던 더러운 것들과 각질, 세균, 박테리아 따위가 함께 씻겨 나가요. 목욕을 마치면 수건으로 몸을 구석구석 뽀송뽀송하게 닦아 내지요. 잘 말려서, 고약한 냄새의 원인이 되는 세균이나 박테리아가 번식하는 것을 막고 각질도 마저 제거하기 위해서예요. 몸에 묻은 물이 닦여 나가면서 수건에 박테리아와 각질 찌꺼기가 묻어 나갈 수 있기 때문에, 쓰고 난 수건은 꼭 빨아야 한답니다.

| 몸이 궁금해 | 뇌가 궁금해 | 마음이 궁금해 | 어른이 궁금해 |

왜 병에 걸리나요?

옛날이나 지금이나 사람들은 왜 병에 걸리는지 궁금해해요.
서양 의학에서는 병이 나는 원인을 크게 4가지로 나누어요.

첫째는 외부 공격에 의해 병이 나는 거예요.
벌레나 바이러스, 박테리아, 곰팡이가 원인이에요. 좀 더 넓게는 공해나 나쁜 음식도 원인이 될 수 있어요. 예를 들면 홍역, 독감, 에이즈, 알레르기 등이 원인이 되어 병에 걸려요.

둘째는 몸속 장기에 이상이 있을 때예요. 장기가 기능을 못하거나 세포에 이상이 생긴 경우이지요. 자기 자신을 파괴하는 거예요. 당뇨나 암이 생겨요.

나머지 두 가지는 우리가 태어나면서부터 생기는 문제예요.
유전성 질환과 염색체 질환이 여기에 속해요. 점액과다증 같은 유전성 질환은 유전자가 손상되었을 때 생겨요.

우리 몸의 염색체는 모두 한 쌍으로 이루어져 있어요. 염색체 질환은 23쌍의 염색체 중 일부가 더 많거나 적을 때 생겨요. 다운증후군은 21번째 염색체가 2개가 아닌 3개여서 발병하는 병이랍니다.

우리 몸은 스스로 병을 이겨 낼 수 있는 힘, '면역력'을 가지고 있어요. 그러니 몸을 아끼며 위생적으로 생활하면 병에 걸릴 가능성이 낮아져요. '병에 걸려 치료하기보다는 예방하는 게 낫다.'라는 말을 기억해 두어요.

왜 감기에 걸리나요?

예전에는 조금만 추위에 떨어도 감기에 걸린다고 생각했어요.
하지만 우리 몸은 추위에 좀 떨었다고 감기에 걸릴 만큼 약하지 않아요. 추운 날 밀폐된 공간에 함께 있던 사람에게서 감기 바이러스가 옮았다면 몰라도요.

감기에 걸리게 하는 바이러스 중에 대표적인 병원균은 라이노 바이러스예요. 이 균은 콧구멍 안에 자리 잡고 있다가 염증을 일으키지요. 그래서 콧물이 흐르고 재채기를 하는 거예요. 또, 공기 중에 쉽게 퍼져서 전염성이 강하답니다.

손으로 입을 가리지 않고 기침이나 하품을 하거나 코 푼 휴지를 아무 데나 버리거나 가래를 뱉지는 않았나요? 이런 사소한 잘못된 행동이 바이러스를 주변 사람들에게 옮긴답니다. 일본 사람들은 시민 의식이 높아서 감기에 걸리면 입과 코를 가리는 마스크를 하지 않고는 집 밖으로 나가지 않는다고 해요. 하지만 주변 사람들의 잘못된 습관을 모두 바꿀 수는 없어요. 그러니 애초에 감기에 걸리지 않도록 예방하는 것이 중요해요.

밥을 골고루 잘 먹어 영양소를 충분히 섭취하면 바이러스와 맞서 싸우는 데 필요한 비타민과 에너지를 얻을 수 있어요. 잘 자는 것도 중요해요. 피곤하면 몸의 기관들이 감기 바이러스와 힘껏 맞서 싸울 수 없거든요.

무엇보다 환기를 자주 해요. 방이나 교실 창문을 자주 열어 환기를 해야 바이러스가 실내에 오래 머물지 않아요. 환기를 자주 하라는 말, 명심, 또 명심해요!

| 몸이 궁금해 | 뇌가 궁금해 | 마음이 궁금해 | 어른이 궁금해 |

여자와 남자는 왜 다를까요?

우리 몸은 세포로 이루어져 있어요. 세포 안에는 핵이 있지요. 핵 안에는 아주 작은 막대기 모양의 '염색체'가 있고, 여기에 모든 유전 정보가 담겨 있어요. 염색체는 모두 46개인데, 23개는 아버지에게서, 23개는 어머니에게서 받은 거예요.

아버지의 정자와 어머니의 난자가 만나 하나가 되는 걸 '수정'이라고 해요. 이때 아버지의 염색체와 어머니의 염색체가 쌍을 이루어요. 여자인지 남자인지는 수정란의 23번째 염색체의 결합으로 결정되어요.

어머니 쪽에서 가져온 23번째 성염색체는 무조건 X이고, 아버지 쪽의 성염색체는 X이거나 Y예요. X 혹은 Y라고 부르는 것은 진짜로 모양이 X 모양, Y 모양으로 생겼기 때문이에요. 마지막 염색체가 XX로 쌍을 이루면 딸이고, XY이면 아들이랍니다.

세포들이 모두 자신이 '딸'인지 '아들'인지를 알기 때문에 겉모습도 딸과 아들이 서로 다르고, 역할이 다른 기관도 있는 거예요.

그러면 '남자'와 '여자'가 서로 글자 모양이 다르듯 다른 것일까요?

신체 구조가 서로 다르기는 하지만 감정과 지성, 육체적인 힘 면에서 남자와 여자가 크게 다르지 않아요. 인류가 오랫동안 다를 것이라고 믿어 왔던 것뿐이지요. 여자아이와 남자아이는 태어나면서 속한 가족이나 사회에 의해 여자아이는 여자로, 남자아이는 남자로 키워지는 것뿐이랍니다.

| 몸이 궁금해 | 뇌가 궁금해 | 마음이 궁금해 | 어른이 궁금해 |

왜 여자들 가슴만 커요?

가슴은 사실 모두에게 있어요. 남자도 여자도 아기도 할머니도 가슴이 있지요. 하지만 커다란 가슴은 다 자란 여자 어른들에게만 있어요. 가끔 살이 찐 남자 어른들 가슴도 크긴 하지만요.

여자 어른의 가슴이 발달한 것은, 엄마가 되기 때문이에요. 인간은 젖먹이 동물이라서 새끼를 낳아 젖을 먹이거든요. 여자 어른은 아기를 낳으면 아기에게 젖을 먹여야 해요. 그렇다면 왜 젖을 먹이지 않을 때에도 가슴이 불룩한 걸까요? 왜 여자에게만 가슴이 있고 남자에게는 없는 걸까요?

그것은 성인 남자의 목에 툭 튀어나온 울대뼈가 있는 이유나 수컷 공작의 꼬리가 화려한 이유와 같아요. 이성에게 매력적으로 보이기 위해 신체의 어떤 부분이 발달한 것이지요. 여자들의 가슴도 이성에게 매력적으로 보이기 위해 발달한 거라고 해요.

가장 그럴듯한 가정은 오스트랄로피테쿠스*가 직립 보행을 할 때, 명확한 차이를 두고 진화했다는 거예요. 멀리서도 남자와 여자를 구별할 수 있게, 앞에 내세우는 신호로 가슴이 발달했다는 것이지요.

시인이나 화가 들은 아름다운 여성의 가슴을 시로 노래하고 그림으로 그려 내지요.
아기는 허리를 굽히고 젖을 먹이는 어머니의 사랑 가득한 눈을 보며 자라요. 얼마나 아름다운 눈 맞춤인가요!

*오스트랄로피테쿠스 : 약 300만 년 전에 살았으며, 인류의 조상으로 여겨진다.

| 몸이 궁금해 | 뇌가 궁금해 | 마음이 궁금해 | 어른이 궁금해 |

아기는 어떻게 생기나요?

옛날 사람들은 아이들이 하는 이 질문에 대답하기를 꺼렸어요.
아기를 낳으려면 엄마와 아빠가 어떻게 사랑을 나누는지 구체적으로 설명해야 하는데, 그건 아직 어린아이들에게 알려 줄 필요가 없다고 생각했던 거예요.

그렇다 보니 아기의 출생에 관해 별별 이야기들이 다 생겨났어요. 황새가 집에 물어다 준다거나 양배추, 장미꽃에서 아기가 태어난다고요. 하지만 엄마가 아기를 낳았다는 것보다 더 자연스러운 설명이 있을까요?

생물학적으로 보면 아이는 정자와 난자가 만나서 생겨요.
'정자'는 남자의 생식기에서 만들어지는 세포이고, '난자'는 여자의 생식기에서 만들어져요. 자연은 정말 위대해요. 아빠가 될 남자의 '정자'가 엄마가 될 여자의 '난자'와 엄마의 몸 안에서 만날 수 있게 길을 만들어 놓았으니 말이에요. 이 두 세포는 엄마 몸속의 길을

통해 만나 하나의 '수정란'이 되고, 이 수정란이 엄마의
아기주머니에서 아홉 달 동안 자라 아기가 태어난답니다.

하지만 아이를 '만든다'라고 말해서는 안 돼요. 수백만 개의 정자
가운데 딱 하나만이 난자를 뚫고 들어가 아기가 태어나는
것이니까요. 아기가 태어나는 이 과정은 그야말로 '사랑'이라는
이름의 놀라운 기적이에요.

**어쩌면 우리는 아이가 세상에
어떻게 태어나느냐가 아니라
이렇게 위대한 '우리 삶을 어떻게
잘 살아야 하는가?'를 물어야
할 거예요.** 이 생명의
신비 앞에 단어 하나도
조심스럽게 쓰기를
바랍니다.

몸이 궁금해 | 뇌가 궁금해 | 마음이 궁금해 | 어른이 궁금해

엄마 배 속의 아기는 어떻게 숨을 쉬나요?

엄마 배 속에 있는 아기인 태아는 우리들처럼 코나 입으로 숨을 쉬지 않아요. 양수라고 불리는 물속에 떠 있지만 물고기처럼 아가미로 숨을 쉬는 것도 아니에요.

태아가 엄마 배 속에서 6주쯤 자랐을 때 폐가 생기기 시작해요.
태아의 폐는 적어도 8개월은 되어야 제대로 기능을 할 수 있어요.
폐 안에 기름이 차 있어서 양수가 들어가지 않도록 보호해요.
폐를 이루고 있는 작은 풍선 주머니 같은 폐포에 공기가 아닌 물이 들어가면 폐가 망가져 못 쓰게 되거든요. 그러면 도대체 엄마 배 속의 아기는 어떻게 숨을 쉴까요?

태아는 탯줄로 엄마와 연결되어 있어요.
이 탯줄에는 2개의 큰 핏줄이 연결되어

있어요. 하나는 산소와 성장에 필요한 영양소를 전달하고, 다른 하나는 이산화 탄소와 찌꺼기를 배출하는 데 쓰여요. 즉 탯줄에 있는 핏줄을 통해 태아는 산소를 들이마시고 이산화 탄소를 배출하며 숨을 쉬는 거예요.

엄마 배 속에서 나오자마자 탯줄을 자르면, 그 순간 아기의 폐가 활동을 시작해요. '응애' 하고 울면서 첫 숨을 쉴 때 폐포가 활짝 펼쳐지면서 첫 숨이 폐로 들어가지요. 이제 엄마의 탯줄 없이 혼자 힘으로 숨 쉬며 살 수 있도록 모든 장기들이 활동을 시작해요. 정말 신비롭고 멋지지 않나요?

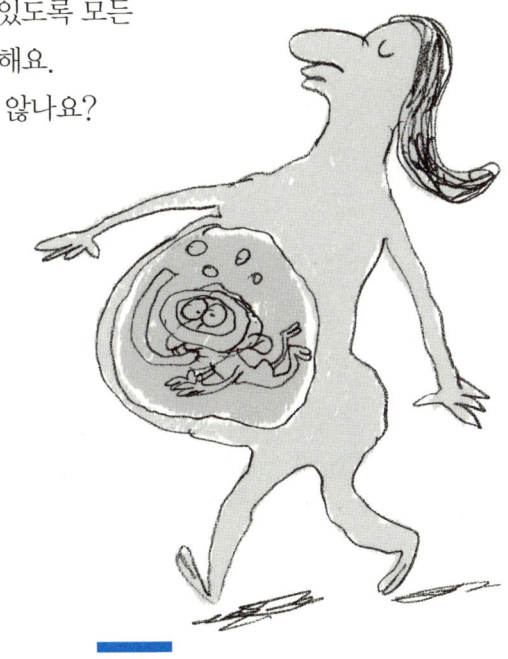

몸이 궁금해 | 뇌가 궁금해 | 마음이 궁금해 | 어른이 궁금해

왜 사람마다 피부색이 달라요?

전문가들이 보기에는 모든 피부색이 같대요. 현미경으로 들여다보면 피부 세포에는 똑같은 멜라닌 색소가 들어 있어요. 멜라닌은 태양의 해로운 광선으로부터 우리 피부를 보호하지요. 햇볕에 오래 있으면 있을수록 멜라닌은 많아져요.

초콜릿 색   바닐라 색   바닐라 딸기 색

수백만 년 전, 최초의 인류는 햇볕이 뜨거운 아프리카에 살았어요.
그래서 피부색이 아주 검었지요. 기후에 잘 적응했던 거예요.

최초의 인류가 새로운 땅을 찾아 아프리카를 떠났고, 그곳은 아프리카처럼 햇볕이 뜨겁지 않았어요. 그렇다 보니 멜라닌이 피부를 보호할 일이 적어졌지요. 세대가 바뀌면서 피부색은 점차 밝아졌답니다.

누구나 피부에 멜라닌을 가지고 있지만 사는 지역에 따라 그 양이 다른 거예요. 오랜 세대를 거치면서 햇빛의 양과 직접적인 상관 없이도 유전자 지도에 새겨진 것이지요.

피부색이 밝은 사람들은 일부러 햇볕에 피부를 태우기도 해요. 하지만 너무 태우면 화상을 입을 수 있으니, 조심해요! 피부를 보호하기 위해 있는 멜라닌이 세포 속에 가득해도 '강한 태양 빛'에 화상을 입는 것만은 막을 수가 없어요. 가장 좋은 보호제는 튜브 안에 들어 있어요. 선크림 말이에요!

| 몸이 궁금해 | 뇌가 궁금해 | 마음이 궁금해 | 어른이 궁금해 |

우리 몸도 불에 타나요?

불은 50만 년 전 살았던 인류의 조상 호모 에렉투스의 선물이라고 해요. 사실 불은 그전에도 있었지만, 호모 에렉투스 때에 이르러서야 제대로 이용하기 시작했거든요. 그런데 불이 얼마나 대단하다고 선물이라고 하는 걸까요?

물질은 불타는 동안에 빛과 열, 불꽃을 내뿜어요. 불에 타는 것은
나무이거나 석탄, 가스일 수 있어요. 혹은 담요나 책, 심지어는
우리 몸일 수도 있지요.

불은 모든 것을 불살라 버릴 수 있어요. 불이 훑고 지나간 자리에는
재만 남지요. 누구나 성냥불 위로 손가락을 재빠르게 지나가게 할
수 있어요. 그때는 뜨겁다는 느낌이 거의 들지 않지요. 하지만
누구도 성냥불 위에 손가락을 얹고 단 1초도 견딜 수 없을 거예요.
1초 만에도 피부가 촛불에 익어 버리고 말 테니까요.

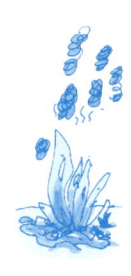

한 해에도 수십만 명이 크고 작은 화상을 입어요. 어떤
사람들은 목숨을 잃을 만큼 큰 화상을 입기도 하지요. 불이
위험하다는 것을 깜빡 잊은 탓이지요. 펄펄 끓는 보리차,
잊어버리고 놓아둔 다리미, 뜨거운 햇볕에 달구어진
쇠미끄럼틀 등 위험은 곳곳에 있어요. 가벼운 화상을 입든
심각한 화상을 입든 재빠르게 조치를 하는 게 중요해요.

**기술의 발달로 불을 안전하게 다루게 되었다 해도 불의 신이 미쳐
날뛴다면 소용없어요.** 위험에 처할 수밖에요! 이제부터 작은 불씨도
우습게 보지 않기로 해요.

| 몸이 궁금해 | 뇌가 궁금해 | 마음이 궁금해 | 어른이 궁금해 |

사람은 지금도 진화하고 있나요?

동물이나 사람뿐 아니라 지구 상의 모든 것들이 멈추지 않고 변해요. 과학자들은 빅뱅 이후 지구의 생명체가 나타나기까지 모든 것들이 단순한 것에서 복잡한 것으로 변해 왔다고 말해요. 빅뱅은 아주 거대한 폭발이에요. 이 폭발로 150억 년 전에 우주가 탄생했다고 해요.

우주는 물질을 이루는 가장 작은 단위인 미립자로 이루어져 있어요. 최초의 생명체도 원자와 분자로 구성되어 있지요.

이 최초의 생명체는 서로 결합해 다세포로 진화했어요. 그 뒤 수천 개의 세포로 이뤄진 다세포 생물이 생겨났고, 오랜 세월에 걸쳐 변화한 끝에 복잡한 뇌를 가진 생명체, 즉 인류가 지구 상에 등장했답니다. 기원전 4만 년 전 현생 인류인 크로마뇽인이 출현한 이후 인류의 몸은 크게 변화하지 않았어요. 진화의 안정기에 접어든 것이지요.

신체적으로 완성된 인류는 불을 사용하게 된 이후부터 우주여행을 하게 된 오늘날까지 끊임없이 기술을 발전시키고 지식을 습득했어요. 그런데 완벽한 몸과 깊은 지식과 지혜를 가지게 된 오늘날의 사람들은 자유로워졌을까요? 사람들이 스스로를 파괴하려고 애쓰지만 않는다면요! 신체적, 정신적으로 진화를 거듭하며, 인류에게 아름다운 미래가 계속될 거라고 믿어 보자고요.

뇌가 궁금해

나도 천재가 될 수 있나요?

천재! 천재는 비범하고 남다른 데가 있어요. 그래서 남들이 흔히 발견하지 못하는 아주 특별한 뭔가를 발견하거나 창조해서 세상의 모습을 바꿔 놓지요.

하지만 옛날에는 천재들이 그다지 환영받지 못했어요. 뭐든 다 아는 신처럼 보이는 데다가 원하면 전혀 다른 사람으로 꾸미기도 하고 운명을 극적으로 바꾸기도 하니 말이에요. 세월이 흐르면서 이런 믿음은 온갖 종류의 신비한 힘을 가진 영웅이나 동화 속 인물들의 이야기로 받아들여졌어요. 그리고 오늘날에는 뜻이 바뀌어 평범함을 뛰어넘는 사람들을 천재라고 부르지요.

천재가 더 이상 초인적이지 않다면 무엇이 천재를 만들까요?
바로 노력이에요. 어떤 아이가 논리에 뛰어난 능력을 가졌다고 해요. 그렇더라도 이 아이가 셈을 배우지 않고는 수학 천재가 될 수는 없어요.

| 사회가 궁금해 | 발견이 궁금해 | 과학이 궁금해 | 철학이 궁금해 |

천재로 불리는 20세기 발명가 에디슨은 말했어요. "천재는 1퍼센트의 영감과 99퍼센트의 노력으로 만들어진다." 태어날 때부터 뛰어난 재능을 갖고 태어났더라도 노력이 필요하다는 뜻이에요. 아무리 천재일지라도 수많은 지식을 쌓고 기술을 완벽하게 다룰 능력을 갖추지 않으면 그냥 '가능성'에 지나지 않을 뿐이에요.

숱한 역사 속 천재적 인물들이 예술, 과학, 철학의 발전에 기여했지만 가난하고 힘들게 산 경우도 많아요. 평생 노력과 열정을 다했지만 살아서 결과를 인정받지 못하는 경우도 있다는 말이에요. 어쩌면 지금 우리 주변에도 미처 알아보지 못한 천재들이 있을지 몰라요.

거짓말은 왜
하게 될까요?

2살이 지나면서부터 아이가 거짓말을 해요. 태어나서 처음으로 거짓말을 한 아이는 본능적으로 부모의 반응부터 살피지요. 거짓말을 하는 것은 그만큼 뇌 발달이 잘 이뤄지고 있다는 뜻이에요. 상호 작용을 이해한다는 뜻이거든요.

무인도에 혼자 있다면 이야기를 지어낼 수는 있어도 거짓말을 할 수는 없어요. 거짓말은 거짓말할 상대가 있어야 하거든요.

거짓말에는 '유익'과 '보상'이 있어요. 이 2가지는 어떻게 구별할까요? 유익을 위한 거짓말은 잘못이 들통날까 봐, 혼이 날까 봐 두려운 마음에 상황을 모면하기 위해 하는 거짓말이에요. 진실을 외면하고 자신에게 유익한 거짓말을 하는 거예요. 그게 편하니까요.

보상을 위한 거짓말은 다른 사람들의 눈에 더 '아름답게' 보일 생각으로 해요. 없는 일을 만들어 내거나, 인생의 작은 일을 미화할

때 하는 거짓말이지요.

진실을 말하는 것은 쉽지 않아요. 그 순간 거짓말을 해서 상황을 넘기는 게 더 쉬워 보이지요. 하지만 어떤 형태의 거짓말이든 한번 시작하면 점점 복잡해지고 끝내기가 어려워요. 결국엔 지옥의 소용돌이 속으로 빨려 들어가게 되지요.

거짓말하지 않고 사실을 말하는 데는 용기가 필요해요. 하지만 얼마나 다행인가요? 스스로 선택할 수 있으니 말이에요.

| 몸이 궁금해 | **뇌가 궁금해** | 마음이 궁금해 | 어른이 궁금해 |

시금치는 왜 초콜릿처럼 맛있지 않아요?

맛있는 소스를 곁들이지 않고 샐러리와 시금치 같은 채소를 먹기는 쉽지 않아요. 그냥 먹으면 쌉싸래하거든요. 하지만 초콜릿도 어떻게 먹느냐에 따라 맛이 아주 다르다는 것, 알고 있나요? 초콜릿의 주원료인 카카오는 볶은 다음 그냥 먹으면 깜짝 놀랄 정도로 쓰답니다.

어떤 음식을 좋아하고 싫어하고는 그 음식의 냄새와 맛, 문화까지 복잡하게 얽혀 있어요. 먼저 뇌에는 맛을 분석하는 컴퓨터 시스템 같은 게 있어요. 코나 혀에 있는 수억 개의 정보 수집 센서에 의해 수집된 데이터를 뇌가 분별하는 거예요. 맛은 크게 단맛, 짠맛, 신맛, 쓴맛으로 나뉘는데, 이 맛들이 과거에 경험했던 기억과 결합해요.

우리 혀에는 '맛봉오리'라고 불리는 맛 정보 수집 센서가 있어요. 혀끝에는 단맛을 느끼는 돌기가, 혀의 양 가장자리에는 짠맛을

느끼는 돌기가, 그 사이에 신맛을 느끼는 돌기가 있고, 혀뿌리 쪽에는 쓴맛을 느끼는 돌기가 있어 뇌에 맛 데이터를 지속적으로 보낸답니다.

사람들이 단맛을 가장 좋아하는 것은 엄마 젖과 관련이 있어요.
단맛은 만족감과 즐거움을 주어요. 사람들이 짠맛을 좋아하는 건 생명 유지에 꼭 필요하기 때문이에요. 우리 몸의 65~70퍼센트는 물로 이루어지는데, 항상 그 정도의 물을 유지하도록 돕는 게 바로 짠 음식이거든요. 신맛, 쓴맛을 좋아하거나 싫어하는 것은, 이런 맛들을 얼마나 자주, 즐겁게 경험했느냐에 따라 달라져요. 그러니까 샐러리와 시금치조차도 자주 먹으면 익숙해지고 좋아질지도 몰라요!

몸이 궁금해 | **뇌가 궁금해** | 마음이 궁금해 | 어른이 궁금해

토마토는 왜 빨간색일까요?

토마토가 잘 익어서요? 그래요. 그건 틀림없는 사실이에요. 그런데 잘 익은 토마토가 왜 빨갛게 보이냐고 묻는다면요? 이 문제는 그렇게 간단하지 않아요. 사물의 색은 3가지 조건에 따라 결정되어요. 사물의 속성, 사물을 비추는 빛, 사물을 바라보는 사람의 눈에 따라 달라져요.

간단한 실험을 해 볼까요?

먼저 토마토를 햇빛 아래,
즉 투명한 빛에 놓아 보세요.
햇빛엔 빨주노초파남보 일곱 빛깔이
들어 있어요. 이 햇빛이 토마토에
닿으면 무슨 일이 벌어질까요?
스펀지가 물을 흡수하듯,
토마토는 햇빛을 흡수해요.
단, 빨간빛만 빼고요. 토마토가
빨간빛만 튕겨 내는 거예요.
그 순간, 우리 눈은 토마토가 튕겨 낸
빨간색을 인식하는 것이지요.

같은 토마토에 초록빛을 비춰 보세요.
무슨 일이 생겼나요?
토마토가 검게 보이지요? 왜 그럴까요? 토마토를 비추는
초록빛에는 빨간빛이 없거든요. 즉 토마토는 초록빛을 그대로
흡수해 버려요. 튕겨져 나올 빛이 없어서 우리의 눈에 전달되지
않으니 토마토가 검게 보이는 것이랍니다.

| 몸이 궁금해 | **뇌가 궁금해** | 마음이 궁금해 | 어른이 궁금해 |

왜 사람마다 느끼는 아픔이 다른가요?

아픔을 느끼는 것은 바로 '뇌'예요. 물론 우리의 피부, 근육, 관절, 장기 등 온몸에 통증을 느끼는 수신기가 있기에 가능한 일이지요.

이 감각 수신기들은 더위, 추위, 누르는 힘과 통증에 반응해요. 이 반응은 척수에 의해 이루어져요. 척수는 초속 30미터의 속도로 온몸에서 수집한 감각을 뇌로 전달해요. 병이 나면 혈액과 면역계의

아~

오늘은 머리가 너무 무거워. 잠깐만 내려놓자!

세포들이 이 수신기에 신호를 보내 아프다는 것을 알리지요.

그러면 왜 어떤 사람은 아프다고 엄살을 부리고 어떤 사람은 진짜 아플 것 같은데도 잘 참는 것일까요? 그건 감각 기관에서 보내 온 고통의 양과 질의 차이라기보다 '기억'의 문제일 수 있어요. 고통에 관해 어떤 교육을 받았는지, 앞서 느낀 고통에 대한 기억이 어떤지, 얼마나 무서웠는지 등에 따라 달라지는 것이지요.

    눈에 티끌이 들어갔다거나 치과에서 충치를 치료한다고 생각해 보세요. 생각만 해도 끔찍하게 아프지요. 아직 눈에 티끌이 들어간 것도, 치과에서 치료를 받는 것도 아닌데 말이에요. 왜 그럴까요? 눈과 이에 놀라울 만큼 많은 '감각' 수신기가 있고, 아팠던 기억이 있기 때문이에요.

아프다고 말하는 것을 부끄럽게 여기지 마세요. 하지만 얼마나 아픈지를 정확하게 말하기는 어려워요. 그래서 의사들은 아픔을 10단계로 나누어 환자에게 말하게 하지요. 하지만 이것 또한 개인 차가 있어 정확하지는 않답니다.

| 몸이 궁금해 | **뇌가 궁금해** | 마음이 궁금해 | 어른이 궁금해 |

왜 차를 타면 멀미가 나요?

"긴급 상황 발생! 정지! 심장이 울렁울렁, 토할 것 같아요!" 차나 배, 비행기를 타고 가는데 갑자기 토할 것 같고 심장이 울렁거릴 때가 있어요. 그런데 심장에는 아무 이상이 없다는 사실!

차나 배, 비행기를 타고 갈 때 멀미를 하는 것은 직접 운전을 하지 않고 이동하기 때문이에요. 모든 것을 통제하고 명령을 내리는 뇌가 예상치 못한 변화에 놀랐다는 뜻이지요.
귀에 있는 작은 수신기는 머리의 위치가 어떻게 바뀌었는지 바로바로 뇌에 보고해요. 진행 방향, 흔들림, 몸의 기울어짐, 가속 등의 변화를 하나도 놓치지 않고 알려 주지요. 예측하지 못한 정보들이 들어오니, 뇌가 당황했겠지요?

눈도 마찬가지예요. 탑승객으로 차를 타고 이동하면, 눈은 머리의 움직임이나 속도 때문에 명확한 이미지를 사진 찍지 못해요. 뇌는 흐릿한 정보를 받게 되므로 또 한 번 당황하지요.

마지막은 발바닥 수신기! 발바닥은 서 있을 때 몸이 딛고 있는 바닥의 성질과 공간 정보를 뇌에 보내요. 그런데 차에 타고 있으면 발이 바닥에 닿지 않고 뜬 상태로 혹은 발바닥이 차 바닥에 닿았더라도 그것과 상관없이 공간 이동을 하게 되지요. 이때 생기는 정보로 혼란이 일어나요. 뇌는 어떤 것도 정확하게 파악할 수 없게 되는 거예요!

그러니 차를 탔을 때 울렁거리고 토할 것 같은 증상이 생기는 거지요. 즉 멀미는 귀와 눈, 발의 수신기에서 보낸 정보를 뇌가 예상치 못하고 분석하지 못해서 일어나는 증상이랍니다.

어떻게 기억을
할 수 있지요?

복잡하게 선이 뒤엉켜 있는 거대한 컴퓨터 속을 상상해 봐요.
뇌 속이 딱 그래요. 복잡한 선 대신 신경 회로가 뒤엉켜 있을 뿐이지요. 뇌 속 신경 세포를 이루는 것은 '뉴런'이에요. 팔처럼 생긴 뉴런이 다른 뉴런과 연결되는데, 이때 중간에서 뉴런과 뉴런을 이어 주는 것이 '시냅스'예요. 우리가 무엇인가를 보고 듣고 맛보고 느끼고 생각하는 자극을 줄 때마다 시냅스에서 신경 전달 물질이 나와 뉴런을 통해 신경 회로 속을 지나가요. 같은 자극을 10번 반복하면, 정보도 항상 같은 길로 지나가지요.

반복적으로 같은 자극을 주면, 뉴런과 시냅스 사이에 고속 도로가 뚫리면서 완전히 외워져요. 이 정보가 뇌에 기억되는 거예요. 얼마나 오랫동안 기억할 수 있을까요? 유치원 때 알았던 친구 이름, 길에서 스쳐 지나간 아저씨 얼굴, 방금 지나간 버스 번호? 이런 것들은 기억하려고 애쓰지 않는 한 곧 잊어버리게 돼요.

반대로 여러 번 외운 영어 단어, 연습을 거듭하며 익힌
자전거 타기, 사랑하는 부모님 얼굴, 시골 할머니 댁 풍경
같은 건 세월이 아무리 흘러도 생생하게 기억나지요.
정보가 같은 회로로 흐르며 강화된 거예요.

하지만 형제자매가 동시에 같은 일을 겪고도 각자 다르게 기억해요.
같은 일을 겪었지만 그 과정에서 인상 깊었던 게 서로 달랐기
때문이지요. 왜 사람의 기억이 모두 제각각인지 알겠죠?

왜 자꾸 방 정리를 하라고 해요?

방을 잔뜩 어질러 놓고 모르는 척한 적이 있지요? 엄마나 아빠, 혹은 누군가 대신 치워 줄 거라고 생각하면서 말이에요.

정리·정돈에 대한 사람들의 생각은 다 달라요. 그럼에도 우리 인간의 뇌는 태어나면서부터 정리·정돈을 해 왔답니다. 뇌는 보고 듣고 냄새 맡고 맛보고 피부로 느끼는 온갖 감촉 등을 바탕으로 강아지는 강아지로, 탁자는 탁자로 분류해요.

뇌가 이렇게 입수한 정보를 분류하고 정돈하는 것은 나중에 그 정보를 제대로 쓰기 위해서예요. 그런데 양말을 유리그릇에 담아 냉장고에 넣는다면, 뇌에 심각한 문제가 생긴 것이라고 할 수 있지요.

간혹 게을러서 양말을 아무렇게나 정돈한 적이 있을 거예요. 아무렇게나 질서 없이 쌓여 있는 양말 더미가 멋있어 보일 수 있어요. 하지만 엄마나 아빠는 정돈되지 않은 방을 보면서 머릿속도 딱 그렇게 엉망진창이어서 그런 거라고 생각할 거예요. 머리가 정리가 안 되면 학교에서 뭔가를 제대로 배우거나 공부할 수 없다고 생각하는 거지요.

그건 부모님 생각이 옳아요. 나름 정리를 한다고 해도 자꾸 야단만 맞는 것 같아 억울한 마음이 들겠지만, 정리·정돈을 잘해야 공부도 잘할 수 있어요. 작은 것부터 정리를 해 나가면 언젠가 많은 것들을 손쉽게 정리할 수 있을 거예요.

| 몸이 궁금해 | **뇌가 궁금해** | 마음이 궁금해 | 어른이 궁금해 |

왜 꼭
자야 하나요?

잘 자는 것은 잘 살기 위해서 꼭 필요하기 때문이에요. 한번 생각해 볼까요? 왜 잠이 인생의 1/3이나 될까요? 이 말은 60년을 산 사람이라면 20년을 잠으로 보냈다는 이야기예요. 그만큼의 시간을 이유 없이 낭비할 리 없잖아요? 그러면 도대체 그 시간에 무슨 일이 일어나는 걸까요?

하루 종일 뇌는 수많은 정보를 수집해 머릿속에 차곡차곡 쌓아 두어요. 뇌는 낮 동안 몸을 관리하고, 정보를 받아들이고, 당장 필요한 정보를 제공하기 바빠요. 그러다 보니 정리하고 분리할 시간이 없어요. 뇌는 점점 지쳐, 더 이상은 버틸 수 없는 상태가 되어요. 힘들다는 신호를 보내죠. 눈이 따갑고 하품이 나요. 우리에게 '그만 자!'라고 이야기하는 거예요.

이럴 때에는 싸워 봐야 소용없어요. 잠자리에 들어야 해요. 뇌는 낮에 수집한 방대한 양의 정보를 정리하고 정돈할 시간이 필요해요. 그렇지 않으면 뇌가 복수를 시작할 거예요. 모든 게 뒤섞이고, 아무것도 하고 싶지 않고, 공부는 물론 생각도 할 수 없게 되지요.

한 사람에게 필요한 잠의 양은 각자의 뇌가 정리·정돈하기 위해 필요한 시간에 따라 달라진답니다.

자는 동안 누가 내 생각을 훔쳐 가면 어쩌죠?

잠든 사이 누가 머릿속 생각을 훔치는 건 공상 과학 영화에서나 가능한 일이에요. 잠자는 동안에도 뇌는 잠들지 않고 일을 하거든요. 그러니 누가 잠든 사람을 깨우지 않고 뇌를 꺼내 가거나 생각을 훔쳐 갈 수는 없어요. 그렇다면 자는 동안 뇌는 무슨 일을 할까요?

뇌는 중추 신경에게 각성 상태인 선잠이 들도록 명령을 내려요. 설핏, 가벼운 잠이 드는 거지요.

그다음 단계에 들면 몸 구석구석 세포들에게 근육, 피부, 뼈 등의 상처와 지친 상태를 원래대로 회복시키라고 명령해요. 어린이의 경우 이때 몸무게가 늘며 몸이 자라요. 자는 동안 성장 호르몬이 분비되는

거예요. 그다음 단계인 느리고 깊은 잠에 빠지면 뇌는 정리와 청소를 하지요. 하루 동안 수집한 정보를 분리하고 풀지 못한 문제들을 해결해요. 이 단계에서 꿈을 꾸게 되지요.

이 과정을 3번, 4번 혹은 5번까지 반복해요. 그러니까 자는 걸 무서워할 필요는 없어요. 꿈이나 악몽은 다른 사람 때문이 아니라 자기 자신 때문에 일어나는 현상이거든요. 도둑이 뇌를 훔쳐 가지는 않을까 하는 걱정은, 낮 동안 보고 듣고 느낀 것들을 바탕으로 이뤄진 감각이나 감정들로 만들어진 거랍니다.

| 몸이 궁금해 | **뇌가 궁금해** | 마음이 궁금해 | 어른이 궁금해 |

생각을 외국어로
할 수 있나요?

단어는 글자와 소리로 이뤄지지만 빈 조개껍데기에서 울리는 소리처럼 단순하지 않아요. 단어에는 소리와 색깔, 향기, 감각, 감정, 그 외에 많은 것들로 가득 차 있어요. 각자의 경험과 상상력에 따라 단어 팔레트는 수많은 다른 색깔을 갖는답니다.

외국어로 생각을 하려면 단어를 많이 아는 것만으로는 충분하지 않아요. 문화까지 깊숙이 알기 위해서는 그 언어를 쓰는 사람들과

함께 사는 게 좋아요. 어떤 말에 사람들이 감동하는지, 웃는지, 그럴 때 어떻게 표현하는지 등을 느껴야 해요.

북극 사람들이 눈에 대해 표현할 때 쓰는 단어만 30개가 넘어요. 색깔이 어떤지, 모양이 어떤지, 순록 신발 아래서 어떤 소리가 나는지, 얼마나 약한지에 따라 단어가 다르다고 해요. 초원을 달리는 말에 대한 사랑이 남다른 몽골의 유목민들이 쓰는 말에 관한 단어는 기가 찰 정도로 다양해요.

그러므로 우리가 말하고 싶은 것을 모국어로 떠올리지 않을 정도로 다른 나라 말에 친숙해져야 해요. 그러면 자연스럽게 다른 나라 말로 생각하게 된답니다!

왜 꿈을 꿀까요?

어떤 꿈은 실제 있었던 일처럼 선명하고, 어떤 꿈은 기억이 잘 안 나요. 어떤 꿈은 순식간에 지나가기도 하고, 어떤 꿈은 10분, 20분 오래 지속되기도 해요. 하지만 왜 꿈을 꾸는지는 알 수가 없어요.

꿈을 꾸는 데는 이유가 있고 그 의미를 알아낼 수 있다고 사람들은 믿었어요. 옛날에 어떤 사람들은 꿈을 신이 보낸 편지라고 믿었지요.

그래서 고대 이집트의 예언가들은 파라오의 꿈을
풀이하는 일을 했어요. 또, 아프리카 치료사들은 환자의
꿈을 풀이해서 환자가 앓고 있는 병의 원인과 필요한 약을
알아내기도 했답니다.

어떤 사람들은 꿈이 흑백이나 컬러 영화 같다고 말하기도 해요.
우리는 꿈을 통해 그날의 걱정과 두려움, 원하는 것에 대한 생각을
정리하는 것인지도 몰라요.

**가끔은 꿈을 꾸면서도 그것이 꿈이라는 사실을 전혀 인식하지
못하기도 해요.** 나른한 오후의 수업 시간, 공부는 뒷전인 채 창문
밖을 내다보며 깜빡 졸면서 꿈을 꾸는 아이들처럼 말이에요.

시각 장애인도 꿈을 꾸나요?

앞을 못 본다고 해서 뇌가 활동을 하지 않는 건 아니랍니다.
꿈은 낮 동안에 수집한 정보를 뇌가 처리하는 과정에서 생기는 현상이니까요.

잠을 자는 동안 두어 시간에 걸쳐 꿈을 꾼답니다. 아주 깊은 잠이 들었을 때 뇌는 깨어 있을 때와 같은 상태가 되는데, 보통 이때 꿈을 꾼다고 해요. 꿈인지 실제로 일어나는 일인지 알 수 없을 만큼 생생한 어떤 일이 눈앞에서 펼쳐지지만 잠에서 깨면 제대로 기억을 못할 때도 있지요.

시각 장애인이나 청각 장애인 또한 꿈을 꿔요. 하루 동안에 수집한 정보와 감정을 정리하기 위한 뇌의 활동이 비장애인과 똑같이 정상적으로 이루어지니, 이들도 꿈을 꾼다는 이야기이지요.

다만 시각 장애인들이나 시력이 대단히 나쁜 사람들은 낮 동안에 시각 정보보다 청각이나 후각, 촉각, 미각 정보를 더 많이 수집하게 돼요. 그러므로 시각 정보보다 다른 감각에 의한 경험이 꿈으로 나타나는 거예요.

사고로 시력을 잃은 사람들의 경우는 좀 달라요. 이들은 꿈을 꾸는 동안에는 앞을 볼 수 있었을 때처럼 무엇인가를 볼 수 있어요. 마치 평소에도 앞을 볼 수 있는 것처럼 말이에요.

아이디어는 어떻게 생기나요?

어떤 과정을 거쳐 뇌에서 아이디어가 떠오르는지는 아무도 몰라요. 좋은 아이디어가 떠오르고, 이를 다른 사람에게 납득시키는 과정은 어떻게 이뤄질까요?

아이디어는 도대체 어떻게 만들어지는 걸까요? 생각주머니를 갖고 태어나는 걸까요? 자라면서 생각도 조금씩 자라는 걸까요? 아니면, 보고 듣고 맛보고 느끼고 만지는 감각들이 어우러지면서 생각이 만들어지는 것일까요?

실제로 새로운 것을 발명하거나 창조하는 풍부한 상상력은 보고 듣고 맛보고 느끼고 만지는 감각의 도움을 받아요. 물론 인지한 감각을 정리하기 위해서 깊이 생각하고 판단하는 힘을 빌리기는 하지만요.

| 사회가 궁금해 | 발견이 궁금해 | 과학이 궁금해 | 철학이 궁금해 |

새로운 아이디어가 샘솟게 하려면 호기심을 가지고 주변을 둘러보아야 해요. 책도 읽고, 사람들과 이야기도 하고, 여행도 하고, 자연도 살피고, 예술 작품도 감상하는 거예요.

무엇보다 묻고 또 물어야 해요. 답을 구하는 과정에서 생각을 하게 되고 아이디어가 생기지요. 하지만 아이디어만으로는 아무것도 할 수 없어요. 좋은 아이디어를 실행에 옮겨 이루어 내려는 욕구가 필요해요!

화가들도 우리와 같은 걸 보나요?

피카소, 샤갈, 뒤샹이 그린 인물화나 마티스, 반 고흐가 그린 풍경화를 보면 그림을 그린 화가의 눈이 이상한 게 아닌가 의심하게 돼요.
도대체 세상이 어떻게 보이기에 삼각형 코, 몸보다 큰 머리, 보라색 나무, 휘어지는 별빛을 그리는 걸까요?

하지만 시력 문제였다면 화가들이 모두 안경을 썼어야 하잖아요?
결국 예술은 시력 문제가 아니라 사물을 어떻게 보고, 어떻게 풀어내느냐의 문제예요. 같은 학교에서 같은 선생님에게 배운 2명의 화가가 같은 사과를 보고 그림을 그리더라도 그림은 아주 다를 수 있어요. 두 화가의 '해석'이 다르기 때문이에요.

가족이 함께 '우리 가족'을 그려 보세요. 그림 실력과는 상관 없이 각자가 가족을 생각하는 마음이 다르다는 걸 알게 될 거예요. 동생은 자기보다 형을 작게 그리고, 여동생은 자신을 스케치북 중간에 그리고, 나머지 가족은 손톱만큼 작게 그릴지 몰라요.

똑같이 생긴 사람이 없는 것처럼, 세상을 보고 해석하는 방법도 사람마다 다 달라요. 똑같은 일을 보고 사람들이 제각각 다른 이야기를 하는 이유이지요. 그래서 우리는 있었던 일을 정확하게 다시 재현해 내기 어려워요. 가족이 함께 겪었던 경험일지라도 말이에요.

화가도 마찬가지예요. 캔버스 위에 현실을 있는 그대로 옮기는 게 아니라 자신이 본 사람이나 사물에 대한 자신만의 생각을 그리는 거예요. 이제 화가의 눈에 대한 궁금증이 풀렸나요?

미쳤다는 게 뭐예요?

'미쳤어'라는 말, 흔히 쓰지요. 이상한 행동이나 말을 하는 등 정상적이지 않은 상태를 뭉뚱그려 보통 '미쳤다'고 해요. 전문가들에게 이 말은 좀 더 중요해요. 의식적으로나 무의식적으로 더는 이 사회에서 다른 사람들과 어울려 생활할 수 없는 상태로, 병적인 행동을 할 때 '미쳤다'고 하고, 이런 류의 질병을 '정신 질환'이라고 부르지요.

'정신 질환'은 감기처럼 바이러스로 전염되는 병이 아니에요. 여러 가지 이유로 뇌에 이상이 생길 때 이 병에 걸리게 되지요. 우리의 뇌를 자세히 살펴보면, 뇌세포들이 얼기설기 얽힌 거대한 그물망으로 이루어져 있어요. 이 그물망을 따라 온갖 정보들이 전달되는데, 이 과정에서 생각하고 판단하는 능력에 고장이 나는 거예요.

이 뇌 회로에 문제가 생기면 자신은 물론 다른 사람에게도 위험한 행동을 하게 돼요. 예를 들어 가정이나 사회에서 감당하기 힘든

스트레스를 받거나 정신적 충격을 받아 이 시스템의 일부가 멈추면 정신 질환이 발병하는 것이지요.

증세와 심한 정도에 따라 정신 질환은 여러 항목으로 나뉘어요. 우울증, 조현병,* 발작성 수면증 등이 정신 질환에 속하지요. 일부 정신 질환은 치료가 가능해요. 정신과 전문의가 환자와 면담을 통해 치료하거나 특별히 개발한 약을 이용해서 말이지요.

정신 질환은 엉뚱한 행동을 모두 쑤셔 넣은 커다란 가방 같은 거예요. 그러니 주의하세요! 자칫하면 독특한 것과 미친 상태를 구별하기가 쉽지 않아 오해를 받을 수도 있거든요.

*조현병 : 망상이나 환청 등을 일으키는 정신 분열증 또는 인격 분열증.

마음이 궁금해

| 몸이 궁금해 | 뇌가 궁금해 | **마음이 궁금해** | 어른이 궁금해 |

사랑 없이 어떻게 살 수 있을까요?

아기가 우는 것, 어린이가 깜깜한 밤을 두려워하는 것, 사춘기 소년이 반항하는 것, 어른들이 걱정하는 것. 이런 모든 인간적인 고뇌는 버림받을지도 모른다는 두려움, 즉 사랑의 결핍에서 나와요.

자식을 어떻게 사랑해야 할지 모르거나 사랑을 줄 수 없는 부모 밑에서 자란 아이는 늘 자신이 충분히 사랑받지 못했다고 생각할 거예요. 이런 상처는 아이의 가슴에 오래도록 깊이 남아 온전한 어른으로 자랄 수 없게 만들어요.

누구도 나를 봐 주지 않고 내 말에 대꾸해 주지 않는다면요? 울거나 말거나 신경도 쓰지 않는다면요? 이렇게 사랑받지도

관심받지도 못한 아이는 자신감이 없고 다른 사람도 믿지 못해요. 그럼에도 평생 누군가의 사랑을 받으려고 애를 쓴답니다.

사랑받지 못한 상처를 이겨 내고 누군가를 사랑한 어떤 아이는 마침내 원하는 사랑을 받으며 믿음을 회복해 가기도 해요.
아이도 어른도 사람은 사랑 없이 사는 건 불가능해요. 사랑은 인정받고 존중받는다고 느끼고 온전한 사람으로 살도록 해 주거든요.

우리는 몇 살에 사랑에 빠지나요?

누구도 이 질문 앞에서는 꿀 먹은 벙어리가 되고 말 거예요. 사랑에 빠지는 때가 따로 있는 게 아니니까요. 하지만 사랑은 인간에게 너무나 익숙한 감정이에요. 태어나면서부터 느끼는 감정이거든요.

그런데 친구에게 느끼는 우정, 어떤 대상에게 느끼는 애정, 이성에게 느끼는 매혹의 감정을 각각 어떻게 구별할까요? 그것은 생각과 경험에 달렸어요.

엄마 배 속의 아기처럼 누군가를 독차지하고 싶어 하는 감정은 사랑과 융합을 혼동한 결과예요. 누군가 다른 사람의 인생에 유일한 사람이 되려는 것은 사랑에 존중과 신뢰, 자유가 필요하다는 사실을 잊은 결과랍니다. 그래서 첫눈에 반할 수는 있지만 진정한 사랑에 빠지기 위해서는 일정 기간 서로를 알아 가며 경험을 나누어야 해요.

사랑의 아픔을 겪지 않고 어른이 되는 건 거의 불가능해요. 젊은 시절의 아픔은 치유될 수 있으며, 어른이 되는 과정이라는 것을 잊지 말아요.

그래서 몇 살이든, 누구와 어떤 사랑을 하든, 사랑은 인생에 매우 큰 의미를 갖는답니다.

진짜로 사랑한다는 것을 어떻게 알죠?

목소리만 들어도 심장이 뛰어요. 눈길만 마주쳐도 얼굴이 빨갛게 달아오르지요. 멋진 말을 준비했는데, 앞에 서면 아무 말도 못하고 더듬더듬……. 이런! 사랑에 빠졌군요. 하지만 이 사랑이 일생의 한 번뿐인 최고의 사랑일까요? 평생 변치 않을 사랑일까요?

사랑하는 것과 사랑에 빠지는 것은 완전히 다른 거예요.
사랑에 빠지는 것은 원하는 사랑을 쟁취하기 위해 달려가며 맛보는 짜릿함 같은 것이지요. 그 상태일 때 사람은 아주 강한 감각과 감정에 휩싸여요. 누구나 이런 상태를 꿈꾸지요. 문제는 혼자 꾸는 꿈이라는 거예요. 상대방의 감각과 감정은 고려하지 않고 혼자만의 마음에만 빠져들어 있는 것이지요.

사랑하는 것은 함께 만들어 가는 것이지요. 서로를 잘 알기 위해 충분히 시간을 함께 보내요. 혼자만의 꿈이 아니라, 같은 길 위를 걸으며 둘이 함께 꿈꾸지요. 사랑하고 사랑받는 거예요. 상대가 없는 인생은 상상하기 어렵지요.

진실한 사랑은 어떻게 할까요? 내가 사랑하는 만큼 그 사람이 나를 사랑하는 게 아니에요. 둘이 똑같은 감정을 항상 나눌 수는 없어요. 그래서 아주 조심스럽게 사랑해야 한답니다.

사랑이 어떻게 변해요?

시인은 사랑을 말할 때 '영원히'와 짝을 지어 말하고는 해요.
그럼에도 여러 가지 방식으로 사랑할 수 있어요. 우정, 애정, 존경, 가족애, 남녀의 사랑, 일생토록 변하지 않는 단 하나의 사랑, 자식에 대한 부모의 사랑이 있지요.

사랑은 다양할 뿐만 아니라 누구도 예측할 수 없어요. 누구보다 사랑한다고 믿었던 친구의 배반으로 철천지원수가 되기도 해요. 가벼운 오해가 커져서, 원치 않게 헤어지기도 하고요. 절대 사랑할 일이 없다고 생각한 사람과 사랑에 빠지기도 하고, 사랑하는 사람과 더 이상 사랑할 수 없는 사이가 되기도 해요. 그래서 누구도 사랑에 대해 한마디로 정의할 수 없답니다.

세월이 흐르고 나이가 드는 것은 누구도 막을 수 없어요. 시간이 흐르는 동안 모든 것이 조금씩 변하고 달라져요. 그래서 전에는 시시했던 것이 갑자기 흥미로워지기도 하고, 새 친구에게 관심을 가지게 되기도 하지요. 그러니까 우리의 감정도 세월이 흐르는 동안에 자연스럽게 변하는 거예요.

사랑하는 사람과 헤어지는 것은 슬픈 일이에요. 아름답게 오래오래 사랑하기 위해서는 상대방을 있는 그대로 받아들일 수 있어야 해요. 그러기 위해서는 나에 대한 믿음, 상대에 대한 믿음이 필요하답니다.

왜 질투를 할까요?

제일 친한 친구가 나 몰래 다른 친구와 놀았다면요? 아빠가 동생만 데리고 나가 햄버거를 사 주었다면요? 우리 집 고양이가 새로 이사 온 옆집 아줌마 품에 단박에 달려들어 안긴다면요? 질투심이 부글부글 끓어오를 거예요.

그만, 그만! 이런 질투에 휩싸여 허송세월하고 마음을 다칠 건가요? 그래요. 질투는 아주 조절하기 어려운 감정이에요.

질투심은 자신감이 부족할 때 생겨요. '아빠가 나보다 동생을 더 예뻐하는 게 분명해.'라거나 '내가 친구한테 뭘 잘못했나? 왜 다른 친구랑 놀지?'라는 생각이 맴돌 때 질투를 해요. 내가 할 수 없는 일, 가질 수 없는 뭔가를 누군가 가지고 즐기는 것을 보고 느끼는 고통이지요. 동시에 내가 가진 것을 잃을까 봐 두려워하는 마음이에요. 그런 마음은 걷잡을 수 없이 커져요. 금세 바른 생각과 마음을 집어삼켜 버리지요.

누구나 그래요. 질투는 다른 사람들과 맺은 모든 관계까지 혼란에 빠뜨리지요. 질투는 이처럼 위험한 감정이기 때문에 최대한 빨리 떨쳐 버리는 게 좋아요. 특히 질투는 스스로를 돌아보지 못하게 하고 자신의 장점을 바탕으로 발전하고 성장하는 것을 막는답니다.

어떻게 친구를 사귀어요?

새 동네, 새 학교, 새 학원! 갑자기 아는 사람이 하나도 없는 곳에 던져진다면? 혼자라는 생각, 두려운 마음이 가득할 거예요. 부모님이 "괜찮아. 금방 익숙해질 거야."라며 위로하지만 소용없어요. 영영 새로운 친구를 못 사귈 것 같은 두려움이 마음속에 가득 차오르고, 그 마음을 떨쳐 버릴 수가 없지요.

사실 우리는 날마다 새로운 사람들을 만나고 인사를 나누어요.
'안녕'이라는 인사말이 만남의 문을 열어 주지요. 인사를 한다는 것은, 어느 시대, 어느 곳에서든 '평화'를 원한다는 뜻이에요. 역사를 살펴봐도 정복자가 아닌 친구가 되고 싶다는 것을 알리고 싶을 때 먼저 인사를 청했어요. 하지만 인사만으로는 부족해요. 친구가 되려면 관계를 맺을 줄 알아야 해요. 그러기 위해서는 시간을 들여 관심을 보여야 하지요. 친구로서 책임이 있다는 말이에요.

친구를 사귀는 마술 같은 방법이 있냐고요? 그런 건 없어요. 우정은 작은 일도 함께하고 공감하고 나누며, 서로에게 관대하게 대할 때 시작되지요. 완벽한 친구란 없으니까 말이에요.

어떤 사람이 위대한 작가 몽테뉴에게 그의 친구를 가리키며 왜 그 사람과 친구가 되었느냐고 물었어요. "그 사람이니까요. 난 나이고요!" 몽테뉴는 이렇게 대답했지요. 우정이 좀 신비스러워도 좋잖아요. 그렇지 않나요?

이르지 않고 문제를 해결할 수 있나요?

누군가 교실 문 위에 물이 든 양동이를 올려놓았어요. 선생님이 교실 문을 열자 양동이 속 물이 선생님에게 쏟아졌지요. 화가 난 선생님은 "누구야!" 하고 소리쳤어요. 그리고 누가 그랬는지 말하라고 했지만 교실 안에는 침묵만 흘렀어요. 반 전체가 벌을 받게 생겼네요. 이럴 때에는 어떻게 해야 할까요?

겁이 나더라도 혼자 한 일이라면 잘못도 없는 친구들이 벌을 받지 않도록 잘못을 인정하겠지요. 다른 친구와 함께라면 친구를 설득해 선생님에게 잘못을 빌 테고요. 하지만 그 일을 보기만 했다면요?

친구의 잘못된 행동을 보고도 막지 않았다면 똑같이 책임이 있는 거예요. 선생님이 오기 전에 뒷문으로 달려 나가 미리 알릴 수도 있었으니까요. 그랬다가 선생님에게 잘 보이려는 행동으로 오해받을 수 있다고요? 그건 사실이 아니잖아요.

부당한 일이나 위험을 막으려는 것은 '고자질' 혹은 '밀고'라고 하지 않아요. 아이들이 한 아이를 구석에 몰아 놓고 돈을 뺏거나 폭력을 휘두르고 있는 것을 보거나 자신이 그런 일을 당하고도 입을 다문다면, 어떻게 될까요? 이런 일을 선생님이나 어른에게 알리는 것을 주저하거나 망설여서는 안 돼요. 물론 선생님에게 잘 보이려고, 혹은 남에게 잘못을 덮어씌우려고 고자질을 하는 것은 옳지 않지요. 벌을 받는 게 겁이 나더라도 고자질을 하지 않고 올바른 선택을 할 수는 없는지 한번 생각해 봐야 할 거예요.

친구들이 왜 나를
끼워 주지 않을까요?

친구들이 나를 끼워 주면 즐겁기만 할까요? 내 뜻대로 할 수 없어 답답한 일은 없을까요? 그 친구들이 아니면 아무것도 못 하게 되지는 않을까요? 다른 친구들과도 놀고 싶은데, 모임의 친구들이 싫어해서 그럴 수 없게 되지는 않을까요?

친구들 여럿이 몰려다니며 노는 것을 보면, 나도 함께 놀면 좋겠다는 생각이 들지도 몰라요. 하지만 이런 모임에는 들어가기도 어렵지만 나오기도 쉽지 않아요. 문제가 있더라도 말이지요.

그러니 어떤 모임의 일원이 되려면, 모임에 속하기 전에 그 모임의 성격이 어떤지, 내 성향과 맞는지를 여러 번 생각해 볼 필요가 있어요. 모임에 합류하기까지의 과정도 만만치 않지요. 친구들이 나를 어떻게 생각할까 하는 걱정도 해야 하고, 인정받기 위해 노력해야 하잖아요. 걱정만 하다가 새 친구 사귈 기회를 놓칠까 봐 안절부절못하게 되고요. 그러다 나에 대해 잘못된 생각을 심어 줄 수도 있어요.

누구나 어울릴 수 있는 모임은 어때요? 모두에게 문을 활짝 열어 주는 모임이라면 자유롭지 않을까요? 생각이 다르다고 걱정할 필요도 없고요. 봉사 단체, 축구팀, 사진 동아리 같은 모임은 '건전한 목적'을 위해 하나가 되어요. 남을 돕고, 경기에 이기고, 좋은 사진을 찍기만 하면 되지요. 그러니까 이런 모임에 문을 두드려 보세요.

혹시라도 자리가 없다며 모임에 끼워 줄 수 없다고 한다면 어떻게 할 건가요?
포기할 건가요? 여러분이 직접 모임을 만들어 보는 건 어때요? 그걸 막을 수 있는 건 아무것도 없답니다.

왜 화를 내고
심술궂게 굴까요?

못되게 굴고 싶으니까요. 못되게 구는 것은 스스로 선택해서 하는 행동이에요. 누구를 해치고 심술을 부리고 싶다는 마음이 들어야 그렇게 할 수 있어요. 처음부터 나쁘게 태어난 게 아니라 나쁜 행동을 거듭하다 보니 나쁜 사람이 된 거예요.

| 사회가 궁금해 | 발견이 궁금해 | 과학이 궁금해 | 철학이 궁금해 |

흔히 사람들은 화가 나면 못된 행동을 해요. 몹시 화가 나면 감정 조절이 어렵고 폭력적이 되기 쉽지요. 치솟아 오른 감정 때문에 생각할 틈도 없이 주먹을 휘두르거나 못된 말을 하고 소리를 질러요. 이런 폭력은 또 다른 폭력을 부를 수도 있어요. 그러고 나서 화가 나 벌인 행동들에 대해 수치심과 죄책감을 느껴요. 후회하며 눈물을 흘리기도 하지요.

어떻게 모두가 너그럽고 사랑이 넘칠 수 있겠어요? 모든 걸 다 이해하고 받아들일 수는 없지요. 하지만 압력 밥솥이 폭발하지 않게 미리 수증기가 빠져나가도록 만든 안전밸브 같은 게 있다면요? 바로 '말'이 압력 밥솥의 밸브 역할을 해 주어요. 자신이 느낀 바를 말하고, 설명을 요구하고, 스스로에게 질문을 던져 볼 수 있어요. "내가 지금 왜 이러지?" 하고 말이에요. 이렇게 하면 자신의 기분과 감정을 좀 더 잘 이해할 수 있어요. 그러면 주체하지 못하고 폭력을 행사하거나 폭언을 퍼붓는 일은 일어나지 않을 거예요.

화가 나는데
어떻게 참아요?

우리는 별로 대수롭지 않은 일로 화를 낼 때가 있어요. 조금 불편하거나 난처한 일이었는데 끝내는 얼굴이 화끈 달아오르고, 숨이 가빠지고, 더는 참을 수 없는 상태에 이르고, 폭발해 버리죠!

원하는 걸 얻지 못할 때에도 화가 나요. 욕구 불만의 결과예요. 심장 박동이 빨라지고, 체온이 올라가며, 강한 감정이 치밀어 올라요. 그럼 이미 끝이에요!

이렇게 화가 치밀어 오른 뒤에는 머리에 얼음을 퍼붓는다 한들 쉽게 멈출 수 없어요. 그런데 실컷 화를 낸다고 해결되는 일은 없어요. 오히려 문제는 걷잡을 수 없이 복잡해지고, 몸은 피곤하고, 마음은 불편해지지요.

화가 난 상태를 참는 건 정말 어려워요. 하지만 훈련을 하면 조금 가라앉힐 수 있어요. 예를 들면 숨을 깊게 쉬는 거예요. 그리고 대화를 시도해 보는 것도 좋아요. 생각이 다르다고, 나를 따라 주지 않는다고 화부터 내면 안 돼요. 상대의 이야기를 듣고 내 의견이 어떻게 다른지 말할 수 있어야 해요. 이것이 바로 대화의 시작이고, 서로 어울려 사는 방법이에요.

혹시 뭔가를 열심히 하고 있는데 부모님이 가서 씻으라고 하면 어때요? 들은 척도 하지 않거나, 아니면 "5분만요!", "왜요?", "지금 바로 씻어야 해요?" 하면서 짜증을 낼 지도 몰라요. 하지만 이제는 내키지 않더라도 일단 하던 일을 멈추고 부모님에게 지금 씻을 수 없는 이유를 차근차근 설명해 보세요. 혹시 알아요? 부모님이 알겠다며 나중에 씻으라고 할는지도요. 안 통하면 그냥 씻으러 가면 되잖아요?

| 몸이 궁금해 | 뇌가 궁금해 | **마음이 궁금해** | 어른이 궁금해 |

남자라고 무조건 축구를 좋아해야 하나요?

남자아이들은 보통 등 번호 10번을 달고 운동장을 누비는 축구 스타를 꿈꾸어요. 여자아이들은 언젠가 텔레비전 음악 방송에 출연해 멋진 노래를 부르며 춤을 추는 가수를 꿈꿀 테고요.

물론 아닐 수도 있어요! 사람에 따라 생각이 다르니까요. 서로 생각이 다르다고, 다른 선택을 했다고 상대를 비난하거나 비판해서는 안 돼요. 다른 사람의 선택과 취향을 존중하지 않는 것은, 상대를 무시하고 얕잡아 보는 마음 때문이거든요. 이러한 마음이 서로의 생각과 의견을 비난하고 비판하게 만드는 거예요.

판단하지 않고 다른 사람의 취향과 선택을 받아들이는 것은 쉽지 않지만 필요한 일이에요. 아무리 생각해도 친구의 다른 의견에 고개를 끄덕일 수 없다면 다른 방법을 택해 보면 어떨까요?

| 사회가 궁금해 | 발견이 궁금해 | 과학이 궁금해 | 철학이 궁금해 |

목소리를 높여 내가 옳다고 따지는 대신 겸손한 자세로 친구의 의견을 찬찬히 들어 보는 거예요. 친구의 생각을 존중한 다음에 내 생각을 이야기해 보는 건 어떨까요? "너는 그걸 좋아하는구나. 나는 이걸 더 좋아해."라고 말이에요. 어쩌면 친구가 자신과 다른 의견이나 취향을 궁금해할지도 모르잖아요.

보통 남자아이들처럼 축구를 좋아하지 않는다고, 보통 여자아이들처럼 노래 부르고 춤추는 것을 좋아하지 않는다고 다른 공통점이 없을 리 없어요. 서로 박수를 치며 고개를 끄덕일 주제는 얼마든지 있답니다. 의견이 같지 않다고 서로 이해하지 못하는 건 아니거든요. 다행히도 말이지요!

백마 탄 왕자님은 어디에 가야 만날 수 있어요?

"어느 날 왕자님이 나타나, 내게 사랑 고백을 하겠지······." 이야기 속 왕자님은 대부분 멋지고 용감한 데다 부자예요. 게다가 늘 위기에 처한 공주를 구하고 사랑에 빠져 영원히 행복하게 살기까지 하지요. 도대체 누가, 어떻게 이 매혹적인 이야기에 빠져들지 않을 수 있을까요?

이런 이야기들은 환상을 갖게 해요. 사랑받지 못하거나 보호받지 못할까 봐 두려운 마음도 있고, 사랑받고 인정받으며 행복하게 살고 싶은 마음도 있으니까요. 이야기는 이 두 가지 마음 모두를 담고 있어요. 더구나 모든 사람들이 간절하게 바라는 행복을 찾아가는 이야기예요. 문제는 이 이야기들이 실제 있었던 일이 아니라는 거예요. 공주님을 구하고 사랑에 빠지는 이야기 속 완벽한 왕자님은 실제로 있지 않답니다.

그렇다고 멋지고 아름다운 사랑을 꿈꾸지 말라는 게 아니에요. 다만 그런 생각에 빠져 지금 내 옆에 있는 사랑을 놓치면 안 된다는 것이지요. 슈퍼맨 옷을 입었다고 아무나 슈퍼맨이 되는 건 아니잖아요? 사랑도 그래요! 백마 탄 왕자님을 만나길 꿈꾸느라 시간을 헛되이 보내지 않기로 해요. 있지도 않은 걸 좇는 것과 같아요. 바로 곁에 있는 소중한 사람들을 마음을 다해 만나요. 사랑은 기대하지 않는 순간에 찾아온다니까요!

마녀는 왜 모두 못됐나요?

마녀들은 하나같이 매부리코에 길고 날카로운 손톱, 털북숭이의 턱, 산발한 머리를 하고 있지요. 아이들을 잡아먹고, 왕자님을 두꺼비로 바꾸고, 저주를 퍼부어 대요. 게다가 연기도 잘하지요.

이야기 속 마녀가 무서운 모습으로 등장하는 것은 무섭고 두려운 일에 맞설 힘을 기르라는 뜻이에요. 이런 무서운 이야기들을 자꾸 읽다 보면 이상하게도 무서웠던 마음이 풀리고 끔찍하고 힘든 생각에서 벗어날 수 있거든요.

마녀는 사실 사람들 속에 있는 '나쁜 면'을 상징해요. 예를 들면 잔소리하고 야단치는 엄마나 화내고 짜증 내는 언니, 동생을 보고 마녀 같다고 생각한 적 없나요? 아니면, 그런 엄마나 언니, 동생을 마녀가 혼쭐내 주는 상상은요?

마녀는 항상 착한 사람한테 혼쭐이 나지요. 이야기를 읽는 사람들은 보통 자신을 착한 사람이라거나 무시무시한 마녀를 혼쭐내는 용감한 사람이라고 생각해요. 우리를 괴롭히는 누군가를 마녀라고 생각하고요. 이렇게 마녀는 잠시나마 우리를 착한 사람이라고 느끼게 해 주지요. 물론 착한 마녀도 있어요. 그럴 때에는 반대로 착한 마녀를 자기라고 여기지요. 우리가 바로 착하고 매력적인 마녀가 되어 나쁜 사람들을 혼내 주는 거예요.

초콜릿이 먹고 싶은데 어떻게 참아요?

지나치게 뚱뚱하거나 건강에 문제가 없는 한, 식욕은 그리 문제 될 게 없어요. 문제는 먹고 싶은 것을 너무 많이 먹지 않도록 참는 거지요. 케이크나 사탕을 너무 많이 먹거나 텔레비전을 지나치게 오래 보거나 인터넷 게임에 심하게 빠졌을 때, 조절할 수 있는 힘을 배워야 해요. 그렇지 않았다가는 탈이 나죠!

옛 그리스 성인들도 말했지요. 모두에게 '딱 중간'이라는 말이 필요하다고요. 너무 넘치거나 모자라지 않은 딱 중간인 상태! 초콜릿 케이크를 먹고 싶은 마음이 참기 어렵다면 제과점을 지날 때 길을 좀 돌아가기로 해요. 또, 먹고 싶은 마음을 참기 위해 숨을 깊게 들이마시거나 다른 생각을 하거나 상상에 빠져도 좋아요.

그런데 왜 식욕은 이토록 참기 어려울까요? 왜 단것이 먹고 싶을까요? 충분히 먹지 못해서요? 거친 세상을 살다 보니 달달한 것으로 위로받고 싶어서요? 뇌는 탄수화물이나 과자, 케이크, 사탕의 주성분인 '당'을 에너지로 사용해요. 스트레스를 받으면 뇌는 우리 몸을 활동적으로 만들고 마음을 진정시키기 위해 '당'을 찾는 거예요.

어쩌면 그래서 자꾸 달달한 음식이 먹고 싶은 건지도 몰라요. 결국 초콜릿 케이크가 우리에게 힘을 주니까 적당히 먹는 것은 즐거운 일이랍니다.

왜 손톱을 물어뜯어요?

이 질문에 대한 대답은 '손톱을 물어뜯는 사람 수'만큼 많을 거예요. 프랑스에서 조사한 자료에 따르면, 학교에 다니는 학생 세 명 중 한 명이 손톱을 물어뜯는다고 해요. 그 아이들의 이유를 쓰자면 책 한 권으로도 부족하겠지요?

분명한 건 이유 없이 손톱을 물어뜯지는 않는다는 거예요. 그러니 이유를 알면 손톱 물어뜯는 걸 고칠 수 있겠죠? 손톱 물어뜯는 버릇을 고치려고 평생 이상한 맛이 나는 약을 손톱에 바르거나 장갑을 끼고 다닐 수는 없잖아요.

명탐정 셜록 홈즈가 되어 손톱 물어뜯는 이유를 찾아냅시다. 먼저 언제, 어디서 손톱을 물어뜯는지 꼼꼼히 살펴보세요.

집에서 그러는지, 학교에서 그러는지? 혼자일 때 그러는지, 다른 사람과 함께 있을 때 그러는지? 걱정이 되어서 그러는지, 지겨워서 그러는지?

마음속으로 혹은 작은 수첩에 이 순간들을 기록하다 보면 손톱을 물어뜯는 버릇이 어느 순간 사라질 거예요. 무의식적으로 손톱을 물어뜯는 순간을 계속 알아채면, 언젠가는 먼저 알아차리고 손톱을 물어뜯는 것을 멈추게 될 거예요.

왜 엄지손가락을 빨면 기분이 좋아져요?

엄마 배 속에서부터 아기들은 엄지손가락을 빨아요. 그래서일까요? 엄지손가락을 빨면 괜히 기분이 편안하고 좋아요.

갓 태어난 아기는 살기 위해서 엄마 젖을 힘껏 빨아요. 젖을 빨아야 영양분을 공급받아 살 수 있으니까요. 그래서 손가락을 빨면 젖을 빠는 것처럼 마음이 차분하고 편안해지는 거예요. 하지만 계속 그러는 건 아니에요.

| 사회가 궁금해 | 발견이 궁금해 | 과학이 궁금해 | 철학이 궁금해 |

아기는 어느 순간 엄지손가락을 빨고 있는 자신을 의식하게 되지요.
'이성의 나이'라고 하는 7살이 되면 대부분의 아이들은 엄지손가락 빠는 일을 멈춰요.

영구치가 나는 때와 비슷한 시기예요. 이 나이가 지나서도 엄지손가락을 계속 빨면 입천장과 치아의 변형을 일으키고, 정확하게 말하는 데 어려움을 겪게 되기도 해요.

'이성의 나이'가 되었다는 것은 아이가 또 다른 성장을 준비할 때가 되었다는 뜻이기도 해요. 조금 더 독립적이 되어서 스스로 무언가를 하고 혼자 외부 세상을 탐험할 준비가 되었다는 뜻이지요. 그러면서 아기 때의 습관은 자연스럽게 버리게 되는 거예요.

걱정 말아요. 7살이 넘어서까지 엄지손가락을 빤다고 비정상인 것은 아니에요. 단지 준비가 덜 됐을 뿐이지요. 그뿐이에요!

내 소원이
과연 이루어질까요?

별똥별을 본 적 있나요? 별똥별을 봤다니, 대단히 운이 좋은데요. 그렇다면 소원은 빌었나요? 사람들은 별똥별을 보고 소원을 빌면 이루어진다고 믿어요. 그런데 누가 들어주는 걸까요? 누구한테 빈 걸까요? 누군가 마법 지팡이를 휘둘러 소원을 이루어 주는 걸까요? 이런 일은 우연이 아니라면, 현실에서 일어날 가능성이 매우 적어요.

'새해 복 많이 받으세요.', '건강하세요.', '신랑, 신부 행복하세요.' 이런 덕담이 불행을 막아 준다고 하지요. 하지만 아무리 열심히 덕담을 해도, 모든 불행을 막을 수는 없어요. 모든 소원이 이루어지기는 어렵지요. 어떤 불행한 사건이나 해결할 수 없는 일, 원인을 알 수 없는 일이 생기는 건 소원을 빈다고 해결되지 않아요. 더구나 죽음이나 질병은 소원을 빈다고 막을 수 없어요.

| 사회가 궁금해 | 발견이 궁금해 | 과학이 궁금해 | 철학이 궁금해 |

하지만 스스로에게 약속하듯 소원을 빌기도 해요. 누구도 속이지 않겠다든가, 주먹을 함부로 휘두르지 않겠다든가 하는 소원들이오. 이런 소원이 이루어지는 건, 스스로에게 달렸답니다.

왜 어둠이 무서울까요?

깜깜한 데서는 아무것도 안 보이니까요. 우리는 고양이가 아니어서 주변을 살펴보며 움직이려면 최소한의 빛이 있어야 해요!

문을 열어 두어요! 복도에 불을 켜 놓아요! 이처럼 저마다 어둠을 피하기 위한 노력을 해요.

단 한 번! 기억도 잘 나지 않는 그 단 한 번 때문에 우리는 어둠을 싫어하고 두려워하게 된 것일 수 있어요. 엄마 품에서 잠든 아기가 깨어 보니 어둠 속 낯선 요람에 있었다거나, 문득 자다 일어나 보니 머리가 침대 발치에 가 있었다든가, 한밤중에 화장실을 가려는데 아무리 애를 써도 찾지 못했을 때의 기억 같은 것이지요.

깜깜해서 안 보인다거나 옛날에 나쁜 기억이 있다거나 하지 않더라도 밤은 고요한 것만으로도 무서워요. 나뭇잎 바스락거리는 소리가 유난히 크게 들리고, 창문도 더 크게 덜컹대지요. 잠깐 졸다 깼을 때 의식이 흐릿할 때가 있잖아요. 이럴 때에는 친숙했던 모든 것들이 낯설게 느껴져요.

아이들이 어둠이 무섭다고 하면, 어떤 어른들은 어둠이 뭐가 무섭냐고 해요. 그러고는 전기스탠드를 몰래 켜 놓고 자는 어른이 꼭 있답니다.

상담을 받는다고 문제가 해결되나요?

무릎이 살짝 까졌다고 응급실로 달려가지 않는 것처럼 기분이 살짝 나쁘거나 힘이 든다고 상담을 받으러 가지는 않아요. 별 소용 없거든요. 그렇지만 오랫동안 기분이 우울하거나 이상한 생각이 머리를 떠나지 않을 때라면, 전문가가 필요해요!

어른들이 내 생각을 이해하지 못할 때, 주변에서 내 행동을 두고 수군거릴 때, 누군가가 내 이야기를 들어 주고 사랑으로 보살펴 주는 걸로는 충분하지 않아요. 그럴 때에는 전문가의 도움을 구하는 게 좋아요. 주변 사람도 나도 문제에 너무 가까이 있어서 진짜 문제가 무엇인지 제대로 알 수 없기 때문이지요.

상담 선생님은 내 삶과 꿈, 걱정에 대해 물어보아요. 그림을 그려 보게 하거나 놀아 보게도 하지요. 부모님과 함께 상담을 받을 때를 빼고 상담에서 나온 모든 이야기는 비밀이에요. 상담을 몇 번이나

받아야 할지는 알 수 없지만, 언제 그만둘지는 함께 결정할 수 있지요. 어른들도 상담을 받는데, 문제가 있을 때에는 주변 사람들과 상의해서 결정한답니다.

우리는 편안한 상태가 될 때까지 전문가와 주변 사람들의 도움을 받는 편이 좋아요. 종종 이야기를 잘 들어 주는 누군가와 이야기를 하는 것만으로도 우리가 심각하게 여겼던 문제들이 별게 아니라는 것을 깨닫고는 해요. 정말 간단한 방법이지 않나요?

모두 다 챔피언이 될 수는 없나요?

챔피언이 되고 싶다니, 정말 멋진 꿈이에요. 축구, 자전거, 바둑, 달리기, 드론 날리기 등 어떤 챔피언도 좋아요! 챔피언이 되면 신문에 대문짝만 하게 이름이 나오고, 텔레비전에 출연하고, 사람들이 사인을 받으려고 모여들지요.

하지만 아무리 노력하고 애를 쓰고 훈련을 해도 소용없다고요? 챔피언이 될 수 없다고요? 원하는 챔피언이 아니라고요?

누구나 특별한 사람이 되고, 특별한 일을 하고 싶어 하지만 모두 성공하는 건 아니에요. 체력이 부족해서 안 될 수도 있고, 지식이나 경험이 부족해서 안 될 수도 있어요. 아니면, 목표가 너무 높아서일 수도 있고요.

실패에 실패를 거듭하지 않으려면 발을 땅에 디뎌야 해요. 이 말은 목표를 너무 거창하게 멀리 세우면 허공에 발을 딛고 사는 것과 같다는 뜻이에요. 목표를 세우고 실천할 때, 먼저 자신의 능력을 잘 알고 목표치를 정하는 게 중요해요. 고대 그리스 성인들은 목표를 너무 높거나 낮게 잡지 말라고 충고한 바 있어요. 나에게 '딱 적당한 선'으로 목표를 잡고 작은 승리를 거듭하다 보면, 이루고 싶었던 목표에 반드시 다다르게 된다고요. 자, 일단 우리 학교 챔피언은 어때요? 시작으로 나쁘지 않지요?

어른이 궁금해

| 몸이 궁금해 | 뇌가 궁금해 | 마음이 궁금해 | **어른이 궁금해** |

왜 우리 아빠는 슈퍼맨이 아닌가요?

아빠는 힘이 세요. 누구나 자신의 아빠가 세상에서 가장 힘이 세다고 믿어요. 아빠 목에 매달린 채 아이들은 세상을 내려다보아요. 높은 세상을 보게 해 준 아빠, 자신보다 힘이 센 아빠가 바로 아이들에게는 영웅이에요.

세상이 무섭고 두려울 때 우리는 보통 영웅을 찾지요. 영웅들은 힘없고 약한 사람을 구하고 나쁜 사람을 혼내 주어요. 특별한 옷을 입거나 마스크를 쓰지요. 이중생활을 하며 낮에는 회사원으로, 밤에는 정의의 수호자로 살아요. 아이들에게는 아빠가 딱 그런 존재예요. 스파이더맨이나 슈퍼맨처럼요.

가족의 보살핌 속에서 아이는 자라요. 아이는 가족의 울타리를 안전하게 오가며 해서는 안 될 것, 자유롭게 해도 좋을 것 등을

| 사회가 궁금해 | 발견이 궁금해 | 과학이 궁금해 | 철학이 궁금해 |

배워요. 이때 아빠가 중요한 역할을 하지요. 아빠가 가장 힘이 센 존재라는 생각은 더 강해져요. 하지만 좀 더 자라면 가족의 울타리 너머를 보게 되어요. 학교와 사회, 세계로 시각이 넓어지는 순간, 아빠에 대한 환상이 무너지고 말지요. 세상에서 유일한 영웅인 줄로만 알았던 아빠는 더 이상 나의 영웅이 아니랍니다.

실망한 여러분은 아빠가 아무런 잘못도 안 했는데도 원망을 해요. 사실 아빠에게 특별한 옷을 입히고 망토를 걸치게 한 건 여러분의 상상이었잖아요. 하지만 변하지 않는 사실이 하나 있지요. 생각보다 힘도 약하고 실수도 하는 나의 아빠가 이 세상에서 나를 가장 사랑하는 사람이라는 사실 말이에요.

몸이 궁금해	뇌가 궁금해	마음이 궁금해	**어른이 궁금해**

부모님은 왜 항상 자녀 걱정을 할까요?

"조심해! 다치겠다! 하지 마! 위험해!" 부모님은 늘 자녀 걱정을 해요. 이 세상이 그만큼 위험한 걸까요? 아이가 태어나는 순간, 부모님은 '평화 끝, 걱정 시작'이에요. 아이를 세상의 온갖 위험으로부터 지키고 보호해야 하니까요.

그렇다고 부모님이 늘 걱정에 파묻혀 지내는 건 아니에요. 다만 레이더망을 펼쳐 놓고 아이에게 무슨 일이 생기나 열심히 살펴요. 수심 깊은 수영장에 빠지기 전에, 가스레인지 위에서 펄펄 끓는 솥을 잡아채기 전에, 텔레비전에 폭력적인 장면이 나올 때 경고의 알람이 '땡땡땡' 울리는 것처럼요.

부모님은 생명이 얼마나 쉽게 상처 입고 부서질 수 있는지 잘 알아요. 아이가 해서는 안 될 일을 끊임없이 강조하면서도 혼자 살 수 있게끔 생존하는 법도 가르치지요.

부모님이 대신 살아 줄 수 없기 때문에, 자녀의 행복을 위해 걱정하고 미래에 대해 묻는 것은 자연스러운 일이에요. 손을 놓으면 넘어질 것을 알면서 어떻게 손을 놓겠어요? 하지만 아이 손을 꼭 잡고 걸음마를 연습시키다가도 때가 되면 부모님이 먼저 손을 놓지요. 그러니 안심해요. 부모님의 울타리 안에 영원히 가두어 놓지는 않으니까요.

성장은 여러 단계로 이루어진 모험 같은 거예요. 부모님은 이미 모험의 단계들을 다 겪었기 때문에 무엇이 위험한지 아닌지를 알고 아이들에게 알려 주려고 하는 거예요.

| 몸이 궁금해 | 뇌가 궁금해 | 마음이 궁금해 | **어른이 궁금해** |

어른들은 왜
잔소리를 하나요?

"불장난 하지 마! 사탕 먹었으면 이 닦아야지! 좀 치워라! 잠자리에 들 시간이야!" 잔소리, 잔소리, 잔소리!

혹시 야생 동물을 다룬 다큐멘터리에서 어미 사자가 새끼 사자 목덜미를 물고 무리로 데려오는 걸 본 적 있나요? 아니면, 어미 원숭이가 새끼 원숭이 몸에서 이를 잡을 때 꼼짝 못하게 하는 것은요?

어른들 잔소리가 그런 거예요. 아기들은 무엇이 좋고 나쁜지 판단할 수 없어요. 그래서 어미 혹은 부모가 먹이고 씻기고 보호하며 조심하라고 가르치는 것이랍니다. 어떻게 살아야 할지 알 때까지, 부모는 한 말을 하고 또 하면서 본보기를 보여 주는 것이지요.

그러니까 잔소리라고 생각했던 게 사실은 '사랑'인 거예요.
어른들이 경험도 많고 힘이 더 센데, 아이들은 말을 잘 듣지 않아요. 하지만 아이들은 어른의 보살핌과 사랑을 받아야 해요. 다시 말해 부모의 역할은 아이들이 사회에 나아가 잘 스며들어 혼자서도 살아 나갈 수 있도록 이끌어 주는 거랍니다.

잔소리를 사라지게 하는 비법을 알려 줄까요? 정말 잔소리가 듣기 싫다면, 잔소리가 날아오기 전에 모두 해치워 버리세요. 잔소리할 틈이 없게요.

부모님이 화내는 걸 막을 수 없나요?

소리를 고래고래 지르고 위협적인 말을 한다고 사람들이 나를 인정하고 믿고 따르지는 않는답니다. 이런 행동은 주먹을 휘두르는 것만큼 폭력적이어서 오히려 문제가 되지요.

그런데 왜 부모님이 소리를 지르고 위협적인 말을 하냐고요? 보통은 아이들이 다칠까 봐 걱정이 돼서 그러는 거예요. 어떤 때에는 일이나 돈, 건강 문제로 스트레스가 심해서 그럴 때도 있어요. 그건 부모님 자신이나 상황에 화가 나서 그러는 거예요.

스트레스가 해소되면 모든 것이 정상으로 돌아와요.
거대한 폭풍이 지나간 뒤 고요가 찾아오는 것처럼요. 부모님은 언제 그랬냐는 듯 평화로워지지만 그 고함에 놀란 아이는 여전히 가슴이 두근두근하고 무서울 수 있어요.

어떤 이유로든 부모님이 계속 소리를 지르고 위협적인 말을 한다면 용기를 내야 해요. 그럴 때마다 내 마음이 얼마나 아팠는지 솔직하게 말해야 해요. 부모님은 분명 귀 기울여 들어 줄 거예요. 이렇게 노력을 했는데도 여전히 부모님이 계속 소리를 지르고 아픈 말로 상처를 준다면 좀 더 용기를 내야 해요. 가족이 아닌 다른 사람들과 이 문제를 이야기하고 도움을 받아야 합니다.

| 몸이 궁금해 | 뇌가 궁금해 | 마음이 궁금해 | **어른이 궁금해** |

부모님은 어떻게
내가 한 일을 다 알까요?

부모님에게 아이들을 몰래 살펴보는 감시 카메라 같은 '세 번째 눈'이 있는 건 아니겠지요? 아니면, 어떻게 아이들이 몰래 한 일까지 모두 다 알 수 있죠? 그것은 부모님이 아이들을 관심 있게 늘 살피기 때문이에요. 그뿐이에요.

아이 방에 떨어져 있는 매니큐어 한 방울을 보고 아이가 엄마 매니큐어를 가져다 놀았다는 걸 알아내거나, 벗어 놓은 옷에 붙어 있는 잔디를 보고 잔디밭에서 놀았다는 것을 알고, 소맷자락에 묻은 고추장 국물을 보고 떡볶이를 먹었다는 걸 알아내는 것도 그다지 어렵지 않지요.

아이가 평소와 달리 말을 잘 듣고 얌전하다면 어떤 부모님도 아이들이 뭔가 숨기고 있다고 의심할 거예요. 더구나 괜히 얼굴이 빨개지고 말을 더듬고 초조한 눈빛으로 몸을 배배 꼰다면 부모님은 묻지 않고도 아이에게 무슨 '일'이 생겼다는 것을 눈치채겠지요.

부모님에게는 감시 카메라 같은 '세 번째 눈'이 있는 게 아니라 늘 애정으로 살피는 사랑의 눈이 있는 거예요. 하지만 부모님이 세상의 모든 비밀을 다 알 수는 없어요.

어른이 된 뒤에 부모님이 이미 다 안다고 생각하고 어릴 적 추억을 털어놓으면, 부모님이 깜짝 놀랄 일도 많을 거예요.

피아노 학원,
꼭 다녀야만 해요?

피아노, 발레, 축구, 태권도, 미술, 서예! 학교 공부에 도움 되는 것도 아닌데 왜 굳이 이런 것들을 배워야 하나요?

옛날 유럽에서는 아이가 열두어 살이 되면 전문 기술자에게 보내 기술을 배우게 했어요. 어른이 되기 전에 돈벌이를 할 만한 기술을 배우게 하려는 거예요. 돈벌이를 할 필요가 없는 귀족이나 부자는 사회적 지위를 유지하는 데 필요한 외국어, 문학, 승마, 펜싱, 음악, 미술 등을 배웠어요. 우리나라 양반 댁 자제들이 어려서부터 책을 읽고 서화를 배우며 거문고, 가야금을 익혔던 것과 같아요. 시대가 바뀌었지만 부모님들은 여전히 이런 예체능을 배워야 성공하는 데 도움이 된다고 믿지요.

어떤 부모님은 자신이 못 이룬 꿈을 위해 아이들에게 음악이나 운동, 미술 같은 예체능 과목을 배우게 해요. 경제적으로 어려워 배울 기회가 없었거나 배우다 힘이 들어 포기했던 지난 일을 후회하면서요. 혹은 일하는 부모님들이 아이들이 안전하게 있기를 바랄 때 학원에 보내요. 하지만 경우에 따라서는 열 개나 되는 운동을 동시에 배우거나 혹은 아무것도 배우지 않을 수도 있어요. 부모님이 아이 의견을 존중한다면 말이에요.

난 테니스가 더 좋아!

부모님과 상의해서 하고 싶은 일과 하고 싶지 않은 일을 정하는 일은 쉽지 않아요. 다양한 운동과 음악, 미술 활동을 경험해 보는 건 멋진 일이에요. 어떤 일을 내가 잘하는지, 내가 좋아하는 일이 무엇인지 알아볼 기회를 갖게 되거든요. 하지만 어떤 일들은 어려운 고비를 넘기고 나야 진정한 즐거움을 맛볼 수 있으니, 너무 쉽게 포기하지는 마세요!

왜 강아지를
못 키우게 하나요?

누가 이 벼룩 덩어리 강아지를 산책시킬 건가요? 먹이는 누가 주죠? 여행도 함께 갈 건가요? 아프면 치료는 어떻게 하죠? 집에 혼자 두어야 할 때는요?

강아지를 키우고 싶다는 말이 떨어지기 무섭게 이런 질문들이 쏟아진다면 더는 고집부리지 마세요. 그건 부모님이 아직 네발 달린 새 식구를 집에 들일 준비가 안 되었다는 뜻이니까요.

강아지를 잘 돌볼 수 있다고 약속해 봐야 소용없어요. 부모님은 그 말을 절대로 믿지 않을 테니까요. 부모님이 옳아요. 강아지는 재미있게 놀고 바구니에 넣어 놓으면 되는 인형하고는 완전히 다르거든요. 어떤 종의 강아지이든 단점과 장점, 특징이 있어요.

강아지는 움직이는 동물이기 때문에 일정한 공간이 필요해요. 준비가 덜 되어 한두 달 만에 헤어지지 않으려면, 강아지를 잘 보살피기 위한 준비가 되었는지, 강아지가 행복할 수 있을지 스스로에게 물어봐야 해요.

그리고 '육식 동물'의 행동에 대해서도 알아야 해요. 육식 동물인 강아지는 누군가의 공격을 받으면 스스로를 지키기 위해 본능적으로 짖거나 물 수 있어요.

강아지는 12년 남짓 살아요.
그 기간 동안 변함없이 사랑해 줄 수 있는 책임감이 있어야 해요. 가족 모두가 강아지 입양에 동의해야 하고요. 그래야 강아지가 문제를 일으키더라도 가족이 다투지 않고 함께 해결할 수 있답니다.

| 몸이 궁금해 | 뇌가 궁금해 | 마음이 궁금해 | **어른이 궁금해** |

부모님이 게임의 세계를 이해할까요?

게임에 대해 잘 모르는 부모님을 설득하기란 쉽지 않아요. 부모님 입장에서 보면, 소중한 내 아이가 잘 모르는 게임 속 '복수를 하는 영웅'에 빠지는 게 두려울 거예요. 더구나 화가 머리끝까지 나서 아이가 값비싼 비디오 게임기를 내팽개친다면 말이에요.

좋아하는 게임을 부모님에게 소개해 보세요. 게임 규칙과 캐릭터, 게임에 이기기 위해 필요한 도구와 전술을 알려 드린다면 어떨까요? 부모님이 어떻게 하는 거냐고 묻는 것만으로도 멋지지 않나요?

하지만 너무 지나치면 안 돼요! 부모님은 바보가 아니거든요. 아무리 머리를 쓰는 게임이라고 해도 그게 상상 속 보물을 캐고 영웅이 되는 것이라는 걸 부모님들은 잘 알고 있어요. 게임을 해서 똑똑해지지 않는다는 것을 여러분이 알고 있는 것처럼 말이에요.

부모님과 대화로 여러분이 게임할 권리와 게임 시간표에 대해 상의해 보세요. 뭐든 지나치면 좋지 않아요. 예를 들어 게임을 너무 오래 하다 보면 '생각이 없는 상태'에 이를 수 있어요. 옆에서 무슨 일이 일어나도 알아채지 못하는 상태에 빠지게 되지요. 그런 상태에서 현실 세계로 돌아오는 건 정말 힘들답니다.

자, 이제 부모님과 게임 한 판 해 볼까요? 혹시 알아요? 여러분이 조금만 참고 너그러워지면 세상에서 가장 게임하기 좋은 짝이 되어 줄지 말이에요.

| 몸이 궁금해 | 뇌가 궁금해 | 마음이 궁금해 | **어른이 궁금해** |

식사 준비는 왜 도와야 해요?

이상하죠? 하기 싫은 일일수록 더 빨리 내 차례가 돌아오니 말이에요. 숙제, 전화, 화장실이 급할 때에는 요령을 부려서 피해 보겠지만, 절대 피할 수 없는 게 하나 있어요. 바로 상 차리기! 날마다 샌드위치를 먹거나 일회용 음식으로 점심을 때우는 게 아니라면 말이에요. 그렇다면 생각을 바꿀 수밖에 없죠!

스스로에게 이렇게 말해 보세요. 가족이 함께 모여 밥을 먹으니 신난다거나 부모님에게 효도한다고요. 혹은 집은 모두의 것이고 집안일도 모두의 것이라고요. 그러니 내 몫을 해야 한다고요.

그래도 돕고 싶은 마음이 들지 않으면 수학적으로 계산해 보아요. 네 벌의 수저, 네 개의 컵과 네 개의 밥그릇과 국그릇을 모두 합치면 몇 개인지, 365일 동안 하루에 상을 두 번씩만 차릴 경우, 얼마나 많은 손이 필요한지 말이에요. 그걸 엄마 혼자 다 해야 하다니요!

그래도 별다른 느낌이 안 든다면 여행자의 마음이 되어 보세요.
바닥에 둘러앉아 양배추 잎과 야자열매를 갈라 접시와 국그릇으로 삼아 밥을 먹는 장면 말이에요. 아니면, 상을 차리지 않기 위해 부모님에게 맞서 싸우는 대신 로맨틱하게 초를 켜 놓고 가족과 함께 저녁을 먹는다고 상상해 보세요. 그러니까 상 차리는 게 싫어 꾀부리지 말고 얼른 상을 차리면, 여러분이 상을 차리고 있다는 사실도 잊을지 몰라요! 누군가를 돕는다는 건 정말 좋은 일이잖아요.

| 몸이 궁금해 | 뇌가 궁금해 | 마음이 궁금해 | **어른이 궁금해** |

부모님은 왜
일만 할까요?

부모님이 모두 일하러 다닌다면 어떻게 될까요? 일주일에 5일~6일 간 아침부터 밤까지, 가끔은 며칠 동안이나 서로 얼굴도 보지 못할 수 있어요. 회사에 가지 말고 집에서 아이들과 놀아 주면 좋을 텐데요!

아이들 얼굴도 못 보면서 일을 하는 부모님들은 행복할까요?
아무리 좋아하는 일, 재미있는 일, 돈을 많이 버는 일이라도 그럴 리 없어요.

| 사회가 궁금해 | 발견이 궁금해 | 과학이 궁금해 | 철학이 궁금해 |

하지만 일을 해야 돈을 벌고, 돈을 벌어야 먹고, 입고, 집도 얻을 수 있으니까요. 아프면 병원에도 가야 하고, 방학이나 휴가 때에는 여행도 가야 하잖아요. 아이들이 어른이 되어 독립할 때까지 건강하게 키우고, 학교에 보내 각자 능력에 맞는 직업을 찾을 수 있게 해 주어야 하고요. 이런 모든 활동으로 경제가 돌아가는 거예요.

3만 년 전, 우리의 먼 조상은 일주일에 이틀만 사냥하고 열매를 따러 다녀도 가족을 충분히 배부르게 먹일 수 있었어요. 하지만 이제는 사냥을 하고 열매를 따는 것만으로 가족을 행복하게 해 줄 수 없어요. 그렇다 보니 일하는 시간을 줄일 수가 없는 거예요.

부모님은 회사에서 일을 하고도 시간이 부족해 집에서 밤을 새우며 일할 때도 있어요. 일을 하는 시간과 가족과 함께 보내는 시간에 균형이 있어야 한다는 건 부모님이 더 잘 알지요. 아이들과 함께 나비를 잡고 텃밭을 가꾸며 여유롭게 시간을 보낼 때, 부모님들도 행복하답니다.

| 몸이 궁금해 | 뇌가 궁금해 | 마음이 궁금해 | **어른이 궁금해** |

가족끼리도
비밀이 있나요?

가족끼리 한집에 살면서 서로 비밀이라니요! 각자의 생활과 가족 공동의 생활을 구분해야 한다는 뜻인가요? 요즘은 인터넷에 사적인 내용을 올리고, 아직 태어나지 않은 아기 초음파 사진을 올리며, 텔레비전 방송에서 실시간으로 누군가의 일상을 모두에게 공개하는 일이 흔해졌어요. 아무렇지도 않게 자신의 사생활을 공개해도 문제될 것 없다고, 괜찮다고 생각할지 몰라요.

모든 시간을 함께하는 부모님도 같은 생각일까요? 진짜 그럴까요? 여러분에게는 시시콜콜 작은 일까지도 솔직하게 말하라고 해요. 그런데 부모님은 어떤가요? 가족에 관한 대부분의 일은 비교적 상세하게 설명해 주지만, 자신들에 관해서는 말하지 않는 게 많지요. "아이들은 몰라도 돼."라고 하면서 말이에요. 예를 들어 부모님이 사랑을 나누는 일에 대해 이야기한 적이 있나요?

자세히 말이에요. 그러니 여러분도 사생활을 가질 권리가 있어요.

나의 방, 친구와의 전화 통화, 일기장, 휴대전화 같은 것은 아무리 부모님이더라도 함부로 보거나 들으면 기분이 나쁘잖아요. 책을 읽고 꿈을 꾸고 생각할 나만의 시간, 나만의 공간이 필요하지요.

부모님도 마찬가지예요. 자신의 문제를 곰곰 생각하고 해결책을 찾는 시간이 필요할 때가 있어요. 궁금한 게 있더라도 부모님이 "이건 너와 상관없어."라고 하면 물러설 수 있도록 하자고요!

내 방은 나만의
공간이 아닌가요?

'출입 금지!' 문 위에 이렇게 써 붙여 봐야 소용없어요. 양말, 빈 깡통, 이어폰, 연예인 화보, 보물 상자 등 사적인 물건들이 널브러져 있는 진짜 내 방을 가질 수가 없어요.

수천 년 전부터 사람들은 내부 세계와 외부 세계, 안과 밖, 사적 공간과 공적 공간으로 경계를 나누었어요. 그 경계를 넘으려면 초대를 받아야 했지요. 이런 공간이 필요하다고 생각한 것은 어제오늘의 일이 아니에요.

서양에서는 일찍부터 사적인 공간이 있었어요. 가족의 위계질서가 분명하고 체계적이어서 한방이나 한 공간에서 다 함께 생활하던 사회에서부터 그 필요성이 싹텄지요. 문화에 따라 다르지만 자신만의 비밀 공간, 비밀 정원은 누구나 원해 왔던 거예요.

| 사회가 궁금해 | 발견이 궁금해 | 과학이 궁금해 | 철학이 궁금해 |

사생활이 존중받기를 원하나요? 모두의 공간이 아닌 나만의 공간을 갖고 싶다니, 당연히 그렇겠죠? 그렇다면 집에 아무도 없을 때, 여러분도 다른 사람의 방에 들어가거나 다른 사람의 서랍을 열어 보아서는 안 돼요. 부모와 자식 사이에, 형제자매 간에 신뢰를 먼저 쌓아야 하거든요. 신뢰를 쌓기 위해서는 다른 사람의 공간과 영역을 침범하거나 간섭해서는 안 돼요. 다른 사람의 방도 그들만의 사적인 공간이라고 인정하고 존중해야 해요. 자, 이제 가족들에게 내 방이 사적인 공간이라는 걸 설명해 볼까요?

한 부모 가정에서 산다는 건 어떤 거예요?

아이가 태어나기 위해서는 남자와 여자가 있어야 해요. 이 둘이 생물학적인 부모님, 낳아 준 부모님이지요. 아이가 자라는 동안에는 아이를 안정적이고 사랑으로 보살펴 줄 누군가가 필요해요. 낳아 준 부모님 중 한 분이든 두 분이든, 혹은 양부모님이든 말이에요. 어느 쪽이 더 좋다고 말할 수는 없어요. 부모님 중 한 분과 산다는 것은 말하기 힘든 과거의 어떤 일들을 떠오르게 할 수도 있어요. 하지만 그렇다고 꽁꽁 숨어 살 필요는 없어요.

아이는 자라는 동안 부족한 애정과 이해, 공감을 주위 사람들로부터 얻기를 원해요. 그래서 가족 같은 사람이나, 가족을 대신할 친구를 찾아 사귀게 되지요.

| 사회가 궁금해 | 발견이 궁금해 | 과학이 궁금해 | 철학이 궁금해 |

부모님 중 어느 한 분과 단둘이 산다는 것은 어려운 일이에요.
혼자인 부모님도 부족한 애정과 이해, 공감을 아이로부터 얻기를
원할 때가 있어요. 그래서 지나치게 아이에게 의지하거나 고민을
털어놓을 수도 있지요.

하지만 아이가 할 일은 따로 있어요. 사랑을 받으며 안전하게 놀고,
사회 구성원이 되기 위해 교육을 받아야 해요. 혼자인 엄마나
아빠의 외로움을 달래 주기 위해 태어난 게 아니지요. '아이답게
사는 게 중요하다'는 말을 기억하고, 필요하다면 다른 사람의
도움을 받을 수 있어요.

어른도 실수를 하나요?

실수는 아이들만 한다고 생각하나요? 아니랍니다! 어른도 유리잔을 깨고, 음식을 쏟고, 전기 요금 납부를 깜박 잊고, 서류 봉투를 집에 두고 출근해요. 어른도 분명 실수를 해요! 실수는 크게 두 가지 경우로 나눠 볼 수 있어요. 일이 서툰 경우와 고의적으로 문제를 일으키는 경우이지요. 보통 일이 서툰 경우는 고의적으로 문제를 일으킨 경우보다 너그럽게 용서받아요.

| 사회가 궁금해 | 발견이 궁금해 | 과학이 궁금해 | 철학이 궁금해 |

아이들은 실수를 하면서 배워요. 우리는 로봇이 아니니까, 실수를 하고도 또다시 실수를 하는 거예요. 실수를 하면 속상하고, 실수를 한 자신에게 화가 나서 다음에 조심하게 돼요. 누구나 유리창을 깨면 혼난다는 것을 알아요. 만약 어른이 이런 실수를 한다면 책임을 지고 문제를 해결해야 할 거예요. 어른은 실수에 책임이 따른다는 것을 아니까요. 그래서 어떤 행동을 하기 전에 생각을 하며 '주의'를 하지요. 조심하면 할수록 실수할 가능성이 줄어들어요.

하지만 일부러 누군가를 아프게 하거나 남의 물건을 망가뜨리는 것은 '실수'가 아니에요. 이런 것은 '폭력'이라고 부른답니다. 화가 나고 불만스럽고 짜증이 나더라도 주먹을 휘두르거나 물건을 함부로 던지지 않기로 해요! 화가 난 마음, 불편한 마음을 말로 이야기하는 게 문제를 해결하는 데는 훨씬 도움이 된답니다.

말로 내 생각을 표현하고 상대의 생각을 듣고 이야기하다 보면 결코 해결할 수 없을 것만 같았던 문제가 스르르 해결되기도 해요.
그러면 고의적으로 '실수'할 일이 줄어들겠지요?

| 몸이 궁금해 | 뇌가 궁금해 | 마음이 궁금해 | **어른이 궁금해** |

나는 언제
어른이 되나요?

'어른이 되면 내 마음대로 다 할 거야.' 이런 생각, 해 봤을 거예요. 생각만 해도 벌써 어른이 된 것 같지요? 어른이 되면 부모님으로부터 독립해서 뭐든 마음대로 다 할 수 있을 것만 같아요. 하지만 나이가 들면 저절로 어른이 되는 걸까요?

어른이 되기 위해서는 반드시 치러야 할 '통과 의례'가 있어요. 형식은 나라마다 다르지만 이 의식을 통과해야만 어른이 된다고 인정했어요. 어린아이의 모습을 벗고 어른이 되는 의식, 그러니까 '어린 나'는 사라지고 '어른'으로 다시 태어나는 거예요.

옛날 아프리카에서는 인내심과 용기, 책임감, 공동체의 가치를 존중하고 따르는 모습을 시험을 통해 보여야만 어른이 되었다고 인정했어요. 이렇게 어느 시대, 어느 문화권이냐에 따라 어른이

| 사회가 궁금해 | 발견이 궁금해 | 과학이 궁금해 | 철학이 궁금해 |

되는 조건이 달라요. 어른으로 인정하는 나이도 제각각이라, 우리나라는 만 19세, 프랑스는 만 18세가 되어야 어른이라고 인정하지요. 이 나이가 되면 시민으로서 선거에도 참여하고 합법적으로 직장에 다니거나 사업을 할 수 있어요.

하지만 성인 나이가 되었다고 진짜 '어른'인 것은 아니에요.
변덕스럽고 자주 화를 내고 함부로 주먹을 휘두르는 '어른답지 않은 어른'도 있거든요.

태어나서 자라는 동안 배운 모든 것을 바탕으로 어른이 되는 거예요. 마법 지팡이를 휙 휘두른다고 '짠' 하고 생쥐가 마부가 되듯, 호박이 마차가 되듯, 재투성이 아가씨가 공주가 되듯 그렇게 어른이 되는 게 아니에요. 좋은 어른, 바른 어른이 되기 위해서는 평생 노력에 노력을 거듭해야 한답니다.

결심했어. 이제 그만 자랄래!

| 몸이 궁금해 | 뇌가 궁금해 | 마음이 궁금해 | **어른이 궁금해** |

영원히 어린이로
살 수 없나요?

몸이 자라는 것은 누구도 막을 수 없어요. 하지만 마음은 별개의 문제예요. 그런데 누가 과연 책임져야 할 일이 많은 어른이 되려고 하겠어요?

물론 어린이는 하루 빨리 어른이 되고 싶을지 몰라요. 어른이 되면 뭐든 다 할 수 있을 것 같거든요. 하면 안 되는 일, 할 수 없는 일, 해야만 하는 일투성이다 보니 더 그런 생각이 들 거예요. "어른이 되면 내가 하고 싶은 걸 뭐든 다 할 거야!" 하고 말이죠.

하지만 어른으로 사는 건 그렇게 간단하지 않아요. 어른이 되면 결과를 예측할 수 없는 일들을 직접 선택해야 해요. 게다가 선택한 일의 결과까지 책임져야 하지요. 그 책임이 얼마나 무거운지, 누군가 대신 선택해 주고 책임져 주던 아이 때가 좋았다는 생각이 들지요. 그때가 몹시 그리워질 만큼요.

| 사회가 궁금해 | 발견이 궁금해 | 과학이 궁금해 | 철학이 궁금해 |

아기 새가 둥지를 떠나듯, 사람도 때가 되면 부모님을 떠나야 해요.
어린 시절과 이별해야 한다는 말이에요. 어떻게 부모님을 떠나
살 수 있나 싶지만 이 과정을 통해 진정한 어른이 되는 거랍니다.
다행스럽게도 자신의 삶을 개척하고 자유롭게 살며 자신의 가족을
꾸린다고 해도 부모님으로부터 완전히 남남이 되는 것은 아니에요.

**어른이 된다는 것은 아주 단순하게는 어린 시절을 돌아보는
것이에요.** 누군가에게 어린 시절은 위안이 되고, 용기와 가능성이
되고, 평화로운 삶을 지속할 힘이 되지요. 그러니까 어른이 되기
전에 어린이 스스로 인격을 갖춘 어른이 되도록 노력해요.

몸이 궁금해 | 뇌가 궁금해 | 마음이 궁금해 | **어른이 궁금해**

아이들은 왜
어른 흉내를 낼까요?

정말 왜 그럴까요? 그리고 어른들은 왜 아이들이 어른처럼 굴면 싫어할까요? 어른들도 아이였을 때 부모님, 유명인, 종교인, 스포츠 스타, 영화 속 영웅을 따라했으면서 말이에요.

왜 아이들은 누군가를 자꾸 흉내 내고 싶어 할까요? 심리학자들은 성장하는 과정에 역할 모델이 필요해서 그런 것이라고 해요.

아이들은 역할 모델의 행동을 흉내 내면서 어른으로 성장하는 것이지요.

아이들은 역할 모델로 삼은 형제, 자매를 흉내 내는 과정에서 그것이 좋은지, 나쁜지, 안전한지, 위험한지를 분별할 수 있는 자신만의 기준을 세워요. 이 과정을 통해 자신의 인성을 만들어 가고, 더 나은 역할 모델을 찾아가지요.

아이들의 이 모험은 위대한 사람으로 성장하는, 정말이지 멋진 일이랍니다.

어른 말이라고 무조건 따라야 하나요?

안 돼! 돼! 하지 마! 해! 이래야지! 저래야지! 아이들은 무조건 어른 말을 따라야 하나요? 왜 다들 묵묵히 따르는 건가요? 참을성이 좋아서요? 어른의 명령과 지시가 항상 옳기 때문에요?

예를 들면, 선생님은 키가 크고 힘이 세다고 훌륭한 선생님이라고 하지 않아요. 훌륭한 선생님은 '공정'한 선생님이에요. 선생님은 존중이라는 원칙 아래 학생들을 이끌어요. 그러니 모두 선생님의 지시에 따르는 것이지요.

하지만 선생님이 매사에 부당하고 이유 없이 학생들에게 벌준다면 학생들이 과연 그 선생님을 따를까요? 아마도 선생님의 지시를 따르지 않을 거예요. 누군가의 명령, 지시를 받아들일 때에는 그 사람이 존중할 만한 인격을 가진 사람이라는 뜻이에요. 많은 사람에게 존중받는 사람이라면 모두에게 옳은 게 무엇인지 아는 사람일 테니까요.

반대로 지시나 명령이 옳지 않거나 부당하다고 느꼈다면 '거부할 권리'가 있어요. 물론 아무 일이나 문제 삼으라는 뜻은 아니에요. 그건 '거부할 권리'를 잘못 사용하는 것이니까요. 여럿이 어울려 사는 사회에는 모두가 꼭 지켜야 할 법이 있어요. 하지만 지난 역사를 보면 개인의 욕심이나 이익을 위해 법을 강요하는 폭군이나 독재자 들이 있었어요. 이런 지도자의 명령과 지시에 무조건 따를 수만은 없지요. 그래서 전쟁과 싸움이 끊이지 않는답니다.

어른도
거짓말을 하나요?

미국의 한 연구에 따르면, 사람들은 하루 평균 2번 거짓말을 한다고 해요. 응답자들이 이 조사를 하면서도 거짓말을 했을지 모르니, 믿을 만한 결과가 아닐 수도 있겠지만요. 인간이 태어나서 처음으로 '거짓말'을 하기 시작하는 나이는 3~4세 무렵이고, 이후 평생 거짓말과 함께한답니다.

좋든 나쁘든 여러 가지 이유로 거짓말을 해요. 지나치게 솔직해서 괜히 다른 사람의 기분을 상하게 할 필요는 없잖아요? 그렇다 보니 예의상 거짓말을 하게 돼요. 이모가 만든 케이크가 지독하게 맛없다는 걸 굳이 말할 필요가 있을까요? 받은 선물이 마음에 안 든다고 선물한 사람에게 말할 필요가 있을까요?

변명도 일종의 거짓말이에요. 늦잠을 자서 회사에 지각을 하고도 '자동차가 고장 났다'거나 '오는 길에 사고가 났다'고 변명하는 일이 종종 있어요. 혹은 곤란한 상황을 모면하기 위해, 혹은 자기를 어리석다고 여길까 봐, 또는 벌을 받지 않으려고 핑계를 대요. 누군가에게 피해를 주지 않는 한, 나쁘다고 말할 수만은 없어요. 항상 거짓말을 준비해 두고 늦는 게 아니라면 말이에요.

불행히도 거짓말은 스스로 덩치를 키우는 습성이 있어요. 지나치면 듣는 사람을 지치게 만들지요. 자신감이 부족해서 혹은 상대에게 마음을 얻으려고 아무렇게나 이야기를 꾸며 내요. 그러다 거짓말에 발목이 잡혀 더 큰 거짓말을 하게 되고, 나중에는 언제 거짓말이 들통날지 몰라 두려움에 덜덜 떨게 되지요. 그러니까 상처를 주지 않기 위해 하는 사소한 거짓말이 아니라면 몰라도 다른 큰 거짓말이나 상습적인 거짓말은 해서는 안 돼요. 아이뿐만 아니라 어른도 마찬가지예요.

| 몸이 궁금해 | 뇌가 궁금해 | 마음이 궁금해 | **어른이 궁금해** |

어른은 노는 걸 싫어하나요?

아이들은 놀기를 좋아해요. 좋은 인성을 가진 어른이 되려면 놀면서 상상력을 키워야 해요. 열심히 잘 놀아야 다양한 문제 상황을 이해하고 해결하는 법을 쉽게 찾아낼 수 있지요. 하지만 나이가 들어 어른이 되면, 왜 더 이상 아이들처럼 신나게 놀지 않을까요?

놀이는 남녀노소 모두에게 정말 중요해요. 지적인 면에서나 정서적인 면에서 말이지요. 놀이는 슬픔, 우울, 일상의 스트레스를 해소해 주는 일종의 해독제와 같아요.

어떤 어른들은 일요일마다 삼삼오오 모여서 등산을 하고, 하늘이 두 쪽 나도 축구 생중계를 놓칠 수 없다고 외치기도 해요. 아이들처럼 놀지는 않더라도, 어른들도 놀아요! 다만 사람마다 성격이 다르듯 어른들도 서로 다를 뿐이에요. 혼자 노는 걸 좋아하는 어른도 있고, 어울려 노는 걸 좋아하는 어른도 있지요.

| 사회가 궁금해 | 발견이 궁금해 | 과학이 궁금해 | 철학이 궁금해 |

혼자 놀기를 좋아하는 어른들은 자기만의 공간에서 노련함이나 복잡한 사고를 요구하는 취미를 즐겨요. 보통은 한둘이 모여요. 여럿이 모여 노는 걸 좋아하는 사람들은 어울려 다니며 운동도 하고, 그룹으로 공연을 관람하기도 해요.

가족이 모두 어울려 놀기를 원한다면 모두가 좋아할 만한 이상적인 놀이를 찾아보세요. 그런 게 아직 없다면 각자 하나씩 만들어 보면 어떨까요?

사회가 궁금해

커서 무슨 일을
해야 할까요?

아주 옛날에는 커서 무엇이 될지 고민하지 않아도 됐어요. 싫든 좋든 집안 대대로 해 오던 일을 물려받아 해야 했거든요. 농부의 아들은 농부가, 목수의 아들은 목수가 됐지요.

옛날 프랑스에서는 대부분 첫째는 농사를 짓고, 둘째는 전쟁에 나가 군인이 되고, 셋째는 성직자가 되었답니다. 딸들은 의견도 묻지 않고 비슷한 신분의 남자와 결혼을 시켰지요. 아주 드문 경우를 제외하고는 정해진 운명을 피할 길이 없었어요.

오늘날에는 모든 게 바뀌었어요. 직업도 다양하고, 해야 할 공부도 많아졌어요. 꿈을 정하기도 어렵지만 이루기는 더욱 어려워졌지요.

어떤 사람들은 원하는 직업을 찾아 좋아하는 일을 하니 즐겁고 신이 나서 산을 옮길 듯이 힘이 넘쳐요. 어떤 사람들은 성장하는

| **사회가 궁금해** | 발견이 궁금해 | 과학이 궁금해 | 철학이 궁금해 |

동안이나 공부를 하는 과정에서 결정적 계기가 있어 원하는 일을 찾기도 해요. 하지만 대부분은 우연히 직업을 선택하지요. 미래에 무엇을 할지 생각해 보는 호기심은 반드시 가져야 해요. 다른 사람들에게 다양한 직업에 대해 물어보고 알아 갈수록 더 많은 아이디어가 떠오르고, 더 큰 가능성을 갖게 될 테니까요.

원하는 직업을 택하는 특별한 비법이 따로 있는 건 아니에요.
하지만 학교 성적이 좋을수록 선택의 폭이 넓어진다는 사실 하나는 확실하지요!

일은 꼭
해야 하나요?

손가락 하나 까딱 않고 살기를 바라나요? 물론이죠! 하지만 어떻게 손가락 하나도 까딱 않고 먹고, 입고, 스스로를 보호하겠어요? 기본적인 생활을 하기 위해서라도 사람들은 손을 움직이고 머리를 써야 해요. 한마디로, 일해야 하는 거예요.

살기 위해서, 가치 있는 일이니까, 꼭 해야만 하니까 사람들은 일을 해요. 크고 작은 일들을 여럿이 나눠서 하지요. 능력과 흥미에 맞는 일을 찾아 모두가 잘 살도록 힘을 모으는 거예요. 더불어 살려는 것이지요. 이게 바로 일이랍니다.

하지만 이 이유만으로 일을 하지는 않아요. 일을 하는 이유는 모두 다르답니다. 어떤 사람은 다른 사람에게 인정받고 싶어서 일을 해요. 어떤 사람은 계획을 세우고 성장하는 즐거움이 좋아서 일을 하고, 어떤 사람은 누군가를 돕는 즐거움에 일을 하지요. 집을 사고

| 사회가 궁금해 | 발견이 궁금해 | 과학이 궁금해 | 철학이 궁금해 |

여행을 하고 취미 활동을 하기 위해서 일을 하고, 부자가 되기 위해 일하는 사람도 있어요.

일은 어떤 면에서 연애와 비슷해요. 하는 동안 힘들고 불편하고 짜증나서 헤어지고 싶지만, 막상 헤어지면 힘들어요. 사랑하는 사람과 헤어졌을 때처럼, 좋아하는 일을 잃으면 마음이 아파요. 남들이 다 부러워할 만한 일도 누군가는 마음에 들지 않는다고 불평할 수 있고, 기계가 말썽을 부려 힘들게 할 수도 있답니다. 그게 일이에요!

| 몸이 궁금해 | 뇌가 궁금해 | 마음이 궁금해 | 어른이 궁금해 |

어쩌다 일자리를 잃나요?

한 가지 일을 평생하기란 결코 쉽지 않아요. 그리고 어떤 종류의 일이냐, 얼마만큼 공부했나, 어느 나라 어느 도시에 사느냐에 따라 일자리를 구하는 일이 쉬울 수도, 어려울 수도 있어요.

더 많이, 더 잘 만들기 위해 인간은 끊임없이 새로운 기계를, 새로운 시스템을 만들어 내요. 이걸 진보라고 하지요. 그런데 이 진보 혹은 혁신이라는 건 모든 것을 뒤집어 놓아요. 이 변화로 누군가는 새롭게 일자리를 구하고, 누군가는 잃게 되지요. 지금 열심히 일하고 있지만, 20년 뒤에는 그 일자리가 사라져 버릴 수도 있어요.

하지만 우리가 평생 한 가지 일만을 하기 어려운 이유가 진보와 혁신 때문만은 아니에요. 경제적인 이유도 한몫하지요. 예를 들어 다른 회사들과 경쟁하는 데 실패해 고객을 충분히 확보하지 못한 기업은 어쩔 수 없이 문을 닫거나 직원 수를 줄일 수밖에 없어요.

| 사회가 궁금해 | 발견이 궁금해 | 과학이 궁금해 | 철학이 궁금해 |

때로는 회사의 경영진과 직원들이 생각이 달라 다툴 수도 있어요.
회사의 이익을 위해 서로의 생각을 하나로 모을 때, 가끔은 끝끝내 합의하지 못하고 회사를 나와야 할 수도 있어요.

원인이 무엇이든 일자리를 잃는 건 고통스러운 일이에요. 실패가 아니라 사고 같은 것이지요. 하루라도 빨리 새로운 일자리를 찾기 위해 노력해야 다시 행복해질 수 있답니다.

| 몸이 궁금해 | 뇌가 궁금해 | 마음이 궁금해 | 어른이 궁금해 |

학교에 꼭 가야만 하나요?

그럼요! 중학교를 마칠 때까지는 학교를 다녀야만 해요. 의무 교육이니까요. 시험 날에 맞춰 독감이 걸리더라도 소용없어요. 교실로 다시 돌아가야만 해요.

처음 학교가 시작된 건 기원전 4천 년경이라고 해요. 그러니까 지식을 나누고 후세에 전하려 했던 건 오늘날 어른들이 갑자기 만들어 낸 생각이 아니라는 이야기예요. 프랑스에서는 사회 계급에 상관없이 누구나 배울 수 있는 의무 교육을 1880년경에 시작했어요.

우리나라도 1949년 12월 교육법이 공포되었고, 1950년 6월 1일 의무 교육이 시작되었지요. 공립 학교는 종교와는 상관없는 공교육을 하는 곳이에요. 소통하고 생각하는 힘을 기르는 기본적인 교육을 하지요. 사회에서 자유롭게, 또 어울리며 살 수 있도록 말이에요.

그런데 발도 들여놓기 싫을 정도로 학교가 싫으면 어떡하나요?
이런 학교 혐오증에는 분명 원인이 있을 거예요. 예를 들면 잘하지
못하는 것에 대한 두려움, 꼴찌가 되거나 혼날 것 같은 두려움
말이에요. 문제를 이해하지 못하거나, 다른 사람이 놀리거나,
욕설이 싫거나, 폭력이 싫을 수도 있어요.

이유가 어떻든 상황에 대처할 수 있도록 해결책을 찾아야 해요.
도망친다고 해결되지 않으니까요. 도망가고 싶을 정도로 학교에
가는 게 싫다면 먼저 여러분이 믿고 있는 부모님과 학교
선생님에게 이야기를 해 보세요. 분명 도움을 줄 거예요.

| 몸이 궁금해 | 뇌가 궁금해 | 마음이 궁금해 | 어른이 궁금해 |

학교 공부가
쓸모 있나요?

어떤 일이 도움이 될지 안 될지를 바로 알기는 쉽지 않아요. 당장 학교 공부가 쓸데없어 보일 수도 있어요. 하지만 5년 뒤에도 불필요할 거라고 말할 수 있나요? 무엇이 쓸모 있을까요? 읽기 아니면 셈하기요? 아무것도 도움이 될 것 같지 않다고요?

학교에서 배운 것들은 세상과 사람, 새로운 기술을 이해하기 위해 꼭 필요한 지식이에요. 재미가 없더라도 기본적인 지식을 알아야만 원하는 일을 하고 원하는 직업을 가질 수가 있어요.

학교에서 배운 것들은 당장 쓸모가 덜할 수 있어요. 하지만 학교 공부를 통해 쌓은 지식은 호기심을 갖게 하고 생각이 깊어지게 해 주어요. 또, 문학과 예술의 깊이를 더해 주지요. 무엇보다 새로운 환경에 적응하고 익힐 수 있는 방법들을 알려 주기도 해요.

인생은 어떤 일이 생길지 모르는 여행과 같아요. 이 여행을 위한 여행 가방을 준비하는 곳이 학교예요. 이미 여행을 해 본 선생님들이 인생에 꼭 필요한 지식들만 고르고 골라 챙겨 주지요. 다른 사람들과 이야기를 하고, 함께 생각하고, 사회에서 뭔가를 발명하고 살 수 있는 것은 이 여행 가방에 담긴 지식 덕분이에요.

한마디로 학교에서 우리가 배우는 '지식'은 인생이라는 여행을 좀 더 멋지게 즐기고 멀리 내다볼 수 있도록 해 준답니다.

| 몸이 궁금해 | 뇌가 궁금해 | 마음이 궁금해 | 어른이 궁금해 |

어른은 학교에 안 가도 배울 수 있나요?

학교에서 우리는 읽고 쓰고 셈하는 법을 배워요. 그리고 공부하는 방법도 배우지요. 지식을 쌓는 길고 지루한 길을 어떻게 걸어가야 하는지를 배우는 거예요. 마침내는 인생에서 모험의 문을 활짝 열게 되지요.

이렇게 배우는 법을 배우고, 호기심을 스스로 해결하는 법을 배운 어른들은 의식하지 않는 순간에도 배우는 게 가능해져요. 책을 읽고 영화나 텔레비전을 보면서, 또는 친구와 어떤 주제로 이야기를 나누면서 말이에요. 생활의 모든 순간이 지식으로 쌓여 가지요.

직장에서 승진하고, 꿈을 이루고, 호기심을 충족하기 위해 성장을 원할 때 좀 더 적극적으로 배우기를 원할 수도 있어요. 그럴 때에는 다시 학교로 돌아가기도 해요. 어른을 위한 다양한 학교들이 있어요. 개인 교습을 받거나 도서관, 박물관, 인터넷을

| 사회가 궁금해 | 발견이 궁금해 | 과학이 궁금해 | 철학이 궁금해 |

이용해 자신이 원하는 배움을 향해 혼자 모험을 떠나기도 하지요.

쉰 살에 2개 국어를 유창하게 하거나 마흔 살에 갑자기 천재가 될 가능성은 거의 없어요. 그러려면 적어도 10년은 집중해서 공부하고 훈련해야 하거든요. 그럴 만한 시간과 에너지를 넘치게 가진 때가 바로 '청년기'예요. 젊음의 특권이지요. 하지만 배우는 데 더디고 느린 어른은 더 '지혜롭게' 배울 수 있어요. 아는 걸 기초로 삼거든요. 대상을 분류하고 조직할 수 있기 때문에 초등학생에 비해 효과적으로 배울 수 있어요

그러니까 배운다는 것은 정보를 달달 외워 지식을 쌓기만 하는 게 아니라, 스스로 질문하고 답해 가는 과정을 통해 생각하는 힘을 키우는 거예요. 이게 바로 나이의 힘이 아닐까요?

| 몸이 궁금해 | 뇌가 궁금해 | 마음이 궁금해 | 어른이 궁금해 |

왜 이웃집은 우리 집처럼 살지 않나요?

짝꿍이랑 용돈이 똑같나요? 옆집 아이는 방학 때 시골 할머니 댁에 가지만 우리 집은 안 가잖아요. 아랫집 사람들은 한번 보고 싶어도 볼 수가 없어요. 사람이 살고는 있는 걸까요?

우리는 모두 달라요. 나라와 지역, 도시와 동네, 가족에 따라 삶의 방식이 확연히 다르지요. 강만 건넜을 뿐인데도 '이방인'처럼 여겨질 수 있어요. 이렇게 사람들이 나와는 다르다는 것을 받아들이려면 적응 기간이 필요해요.

우리 생활과 관련 있는 의식주에는 지금은 잊혀진 오래되고 다양한 이야기가 숨어 있어요. 나침반을 예로 들어 볼까요? 중국인들이 처음으로 자성을 띤 바늘의 끝이 북쪽을 가리킨다는 것을 발견했어요. 아랍인은 중국인에게 그 도구로 항해를 할 수 있다는 것을 가르쳤지요. 이탈리아 사람들은 좀 더 정확하게 항해를 하기

| 사회가 궁금해 | 발견이 궁금해 | 과학이 궁금해 | 철학이 궁금해 |

위해 나침반을 작은 상자 안에 넣으면 좋겠다고 생각했고 오늘날의 나침반을 만들었어요.

이러한 발전이 가능했던 것은 서로 만나 정보를 나누었기 때문이에요.
어쩌면 이웃집에 텔레비전이 없을 수 있어요. 처음엔 이상해 보이겠지만 텔레비전이 없어도 재미있게 지낼 수 있는 비결을 여러분에게 가르쳐 줄지 어떻게 알아요?

| 몸이 궁금해 | 뇌가 궁금해 | 마음이 궁금해 | 어른이 궁금해 |

왜 부자와 가난한 사람이 있을까요?

세상에는 부자와 가난한 사람이 있어요. 또, 부자 나라와 가난한 나라도 있지요. 그렇다면 인간이 이 지구상에 처음 나타났을 때부터 서로 달랐던 걸까요?

사람들이 땅에 울타리를 치고 "이 땅은 내 땅이다!" 하고 금을 긋기 시작하면서 모든 일이 시작되었다고 해요. 더 많이 가지려는 사람들 때문에 누군가는 부자가 되었고, 누군가는 가난에서 벗어나지 못했지요. 그러다 보니 먹고, 자고, 일하고, 치료받고, 교육받는 인간의 기본적인 권리조차 지켜지지 않게 됐어요.

지독하게 가난한 나머지 밥도 먹지 못하는 사람, 집이 없는 사람, 일을 하고 싶어도 할 수 없는 사람, 아파도 치료받지 못하는 사람, 기본적인 학교 교육도 받지 못하는 사람이 생겨났어요.

나라끼리도 다를 바 없어요. 많은 나라들이 부유한 나라가 되기 위해 다른 나라를 파산시켜요. 그 나라 사람에게 무슨 일이 생길지 신경도 쓰지 않아요. 그저 새로운 땅을 정복하고 다른 나라의 천연자원을 무자비하게 개발해 부자가 되려고 해요.

가난해지는 이유는 참으로 다양해요. 하지만 가난한 사람은 늘 가난하고 부자는 늘 부자인 것을 그대로 받아들여서는 안 돼요. 국가는 국민 모두가 조금이라도 더 나은 삶을 살 수 있게 노력해야 해요. 부자인 나라는 가난한 나라가 더 잘살 수 있도록 도울 책임이 있어요. 그게 바로 '더불어 사는' 삶이랍니다.

어려운 이웃을
어떻게 도울까요?

이웃집, 우리 동네, 우리 도시에 누군가가 어려움을 겪고 있다면 모르는 척하고 넘어가기 힘들어요. 누군가에게 어려운 일이 생긴 걸 알면 당장 달려가 돕고 싶은 마음이 들지요.

| 사회가 궁금해 | 발견이 궁금해 | 과학이 궁금해 | 철학이 궁금해 |

하지만 편견을 가지고 도움을 주려다가는 오히려 도움을 받는 사람에게 마음의 상처를 줄 수 있어요. 의식주에 관한 실제적인 도움을 주거나 일자리를 찾아 주는 것보다 마음속 절망을 희망으로 바꾸어 주는 것이 훨씬 어렵답니다.

그러니 이웃을 제대로 돕고 싶으면 어려움에 처한 사람을 바라보는 우리들의 생각부터 바꿔야 해요. 물질적인 도움이 필요한지, 정신적인 위로가 필요한지 그들 입장에서 생각할 수 있어야 해요. 또, 도움을 받는 사람들이 마음 상하지 않게 필요한 것들을 전달하기 위해 어떻게 해야 할지 세심하게 생각하고 행동해야 해요.

다른 사람들이 우리를 위해 행동하기를 바라는 것처럼, 우리도 다른 사람들을 존중하면서 행동하는 것이 중요해요. 그럴 때 모두가 행복하게 마음을 나눌 수 있을 거예요.

세금은
왜 내야 하나요?

어른들이 종종 세금에 대해 이야기하는 것을 들은 적이 있을 거예요. 어른들은 세금이 너무 많다거나 세금이 제대로 쓰이지 않았다고 합니다. 그런데 세금은 왜 내야 하고, 그 돈은 어디에 쓰이는 걸까요?

수많은 침략자들이 다른 나라를 정복하고 그들의 재산을 빼앗았어요. 침략으로 삶의 터전이 엉망이 되자, 사람들은 세금의 필요성을 느꼈어요. 국가와 국민을 위해 좀 더 체계적으로 국민 개개인의 일을 관리하려면 최소한의 규칙과 돈이 필요했지요.

고대 이집트에서는 모든 국민이 피라미드 건설과 배수로 설비에 많은 시간과 노동력, 비용을 들여야 했어요. 중국에서는 기원전 900년 전에 이미 14세부터 55세 사이의 남자들이 일정한 돈을 나라에 바쳐야 했지요.

| **사회가 궁금해** | 발견이 궁금해 | 과학이 궁금해 | 철학이 궁금해 |

국가가 국민에게 경제적인 지원을 하거나 사회 활동을 하게 하려면 어느 정도의 자원이 필요해요. 국경을 지키기 위해서 뿐만 아니라 국민과 소통하고, 국민을 교육하고, 치료하고, 가난한 사람을 돕기 위해서 말이에요. 그러니까 세금으로 국가가 국민에게 서비스를 제공하는 셈이지요. 세금에는 두 가지가 있어요. 직접적으로 거두어들이는 직접세는 국민 각자가 번 돈이나 재물을 따져 계산돼요. 간접세는 물건을 사거나 서비스를 받을 때 매겨지는 세금이에요.

국민들은 세금이 없는 나라에서 살고 싶을 수도 있어요. 세금을 내지 않고도 지금 우리가 누리는 교육과 의료, 행정, 법률 같은 국가 서비스를 그곳에서도 똑같이 누릴 수 있을까요? 확실한 것은 지구 상에 세금 없는 나라는 없다는 거예요!

몸이 궁금해 · 뇌가 궁금해 · 마음이 궁금해 · 어른이 궁금해

왜 싸우는 건가요?

사람들은 싸워요. 학교에서나 거리에서, 혹은 도로 위나 식당에서 그리고 집에서도 싸우지요. 왜 힘이 센 아이가 힘이 약한 아이를 괴롭힐까요? 싸우지 않고 말로 할 수는 없을까요?

폭력은 교육 문제이기도 하고 나 자신의 문제이기도 해요. 법이 있으니 다른 사람에게 함부로 주먹을 휘두르면 안 된다는 것을 모두가 알아요. 법을 기준으로, 하면 안 될 행동이 무엇인지 알지요. 이 기준은 안전한 틀이 되어 우리가 자유롭게 활동할 수 있게 해 주어요. 그런데 규칙이 너무 막연하거나 없다면,

| **사회가 궁금해** | 발견이 궁금해 | 과학이 궁금해 | 철학이 궁금해 |

자유롭다고 여기다가도 더 두려운 마음이 생길 수도 있지요. '지나친 게 아닌가? 정당한가?' 이렇게 혼란스러울 때 안타깝게도 폭력적이게 돼요.

폭력은 무리를 이루면서 생기기도 해요. 예를 들어 키나 외모, 성적, 가정 형편 때문에 자신이 없는 아이가 비슷한 고민을 가진 다른 아이와 무리를 이루면서 혼자일 때보다 강하고 힘이 세졌다고 믿어요. 그럴 때 그 집단을 이끄는 우두머리가 문제를 해결해 주겠다며 나쁜 일에 가담하게 만들지요. 형들이 어린 동생들을 괴롭히거나 힘이 센 아이들이 약한 아이를 괴롭히는 경우가 이런 경우예요. 이것이 세계에서 싸움이 끊임없이 계속되는 이유이기도 해요.

폭력을 폭력으로 갚는 것은 더 깊은 마음의 골을 파는 것밖에 안 돼요. 인도의 마하트마 간디는 폭력과 억압에 저항하는 많은 사람들에게 본보기가 되고 있어요. 간디는 폭력을 쓰지 않고도 자유와 평화를 얻을 수 있다는 것을 '비폭력 불복종 운동'으로 보여 줌으로써 1947년에 인도를 독립으로 이끌었어요.

| 몸이 궁금해 | 뇌가 궁금해 | 마음이 궁금해 | 어른이 궁금해 |

누가 나를 때렸다면 나도 똑같이 때려야 할까요?

누가 나를 때렸다면 어떻게 해야 할까요? 나도 상대방을 때려야 할까요? 다른 방법은 없을까요?

"눈에는 눈, 이에는 이. 그리하면 미래는 없다!" 불의에 맞서되 갈등을 원치 않았던 인도의 현자 간디의 말이에요. 간디는 자신의 이러한 생각을 알리기 위해서 평화적으로 싸웠어요.

시위, 파업, 토론, 공익신고 같은 비폭력 전투 방법이지요. 미국의 마틴 루서 킹, 남아프리카 공화국의 넬슨 만델라 대통령도 인종 차별에 맞서 싸울 때 간디처럼 평화적인 방법으로 싸웠답니다.

어떤 이유에서든 폭행, 강탈, 도둑질 같은 일은 잘못됐다고 말할 수 있어야 해요. 잘못을 보고도 모르는 척 침묵하면 나쁜 일이 좋은 일, 괜찮은 일로 생각될 수도 있거든요. 폭력을 직접 당했든 폭력

200

상황을 목격했든 복수가 두려워서 이 사실을 남들에게 알리는 걸 주저해요. 이럴 때에는 다른 사람의 도움을 받는 게 좋아요. 만약 학교에서 이런 일이 생긴다면 담임 선생님이나 교장 선생님에게 도움을 구하면 어떨까요?

누군가의 안전을 위협하는 폭력은 법으로 금지되어 있어요.
그러니까 폭력 행위가 심각해서 혼자 해결할 수 없다면 반드시 어른의 도움을 받아야 해요! 용기를 내어 경찰에 신고하도록 해요!

| 몸이 궁금해 | 뇌가 궁금해 | 마음이 궁금해 | 어른이 궁금해 |

잘못했을 때 어떻게 용서를 빌어요?

쨍그랑! 내가 찬 공이 이웃집 창문을 깨고 말았어요. 으악, 어쩌지요? 투명인간이 되거나 소인이 되어 쥐구멍에라도 숨고 싶은데……. 아, 다른 아이가 그랬다고 거짓말이라도 해야 할까요?

| **사회가 궁금해** | 발견이 궁금해 | 과학이 궁금해 | 철학이 궁금해 |

누구나 실수를 해요. 크고 작은 실수를 하며 사람들은 배우고 성장해요. 실수로 다른 사람에게 피해를 주었다면, 그 일을 인정하고 보상하려고 노력해야 해요. 하지만 벌을 받는 게 두려워 이런저런 핑계를 대고 남 탓을 하거나 다른 사람에게 잘못을 뒤집어씌운다면, 그것은 실수가 아니라 부당한 일이 되는 거예요.

이제 실수로 피해를 준 사람뿐만 아니라 내 잘못을 뒤집어쓴 사람에게까지 용서를 구해야 해요. 다시는 그런 실수를 하지 않겠다는 약속과 약속을 지킬 의지를 보여 주어야 하지요.

용기를 내어 진심으로 용서를 구하세요. 멋진 말은 소용없어요. 무엇을 잘못했는지, 어떤 점을 후회하는지, 상대에게 준 피해와 상처에 대해 진심을 다해 사과하세요. 같은 일을 반복하지 않겠다는 약속과 그 말을 지킬 의지를 보여 주세요. 그리고 비난과 벌을 달게 받을 수 있을 때, 사라졌던 믿음과 신뢰가 다시 생겨난답니다.

법은
항상 옳은가요?

인간의 권리를 평등하게 지켜 주기 위해 법이 있어요. 그리고 사람들 사이에 문제가 생기면 재판을 통해 갈등을 중재해요. 하지만 희생자나 대중 매체, 혹은 서로 의견이 다른 사람들이 재판에 영향을 미치지 않을 수 있을까요? 부자에게 유리한 법은 없을까요? 가난한 사람들에게 불리한 법은 없을까요? 법은 과연 공정할까요?

법의 공정성을 위해, 국가는 사법 기관을 두었어요. 사법 기관은 재판을 통해 범죄 행위가 있었는지, 얼마나 위중한지를 법에 따라 신중하게 판단해요. 사법 기관은 어떤 집단이나 사람이 마음대로 할 수 없어요. 변호사나 검사, 판사 들은 외부의 압력에도 휘둘리지 않아요. 정부조차도 판사들에게 영향을 미칠 수 없어요. 즉 양심에 따라 재판하는 것이지요.

| 사회가 궁금해 | 발견이 궁금해 | 과학이 궁금해 | 철학이 궁금해 |

물론 판사도 '오판'할 수 있어요. 틀릴 수 있다는 말이에요. 하지만 이런 일은 아주 드물고, 그런 경우를 대비해 주요한 재판은 재심, 삼심을 통해 공정성을 더해요. 또한 사법 기관은 모두의 기본 권리, 즉 자유에 대한 권리, 삶에 대한 권리, 안전에 대한 권리, 출국하고 입국할 권리, 여럿이 모일 수 있는 권리, 종교 활동을 할 권리, 의견을 표현할 권리, 정보와 휴식에 대한 권리, 재산의 권리, 가족에 대한 권리 등을 지켜 주지요.

하지만 정부가 모든 것을 통제하는 일부 나라에서는 사법이 통치하는 사람들의 뜻대로 좌지우지되어 더 이상 공정하기 어려워요. 이럴 때 사법은 모두의 권리를 부정하게 되지요. 누군가의 절대 권리를 위해서 말이에요.

불공정해요!

| 몸이 궁금해 | 뇌가 궁금해 | 마음이 궁금해 | 어른이 궁금해 |

왜 사람을 감옥에 가두나요?

모든 사람이 제멋대로 하도록 둔다면 어떤 일이 생길까요? 다른 사람에 대한 존중이나 배려 없이 자기 마음대로 하려는 사람이 생길 거예요. 힘이 센 사람이 약한 사람을, 돈이 많은 사람이 가난한 사람을 함부로 대할 수도 있어요. '정의'는 사라지겠지요? 다른 사람의 물건을 훔치거나 다른 사람을 다치게 하거나 목숨을 빼앗았다면 당연히 제재를 당해야 해요. 그래서 '법'이 필요한 거랍니다.

누군가 다른 사람의 생명과 안전, 재산을 함부로 위협한다면 법에 따라 그 심각한 정도를 판단해요. 그리고 그에 합당한 만큼 벌금을 내거나, 혹은 감옥에 일정 기간 가두지요. 법을 어긴 사람이 자유롭게 다니며 또다시 다른 사람에게 피해를 주지 못하게 말이에요. 사회는 그렇게 우리 스스로를 보호하고, 법을 존중하지 않는 자를 벌주는 거예요.

| **사회가 궁금해** | 발견이 궁금해 | 과학이 궁금해 | 철학이 궁금해 |

벌을 받는 사람이 자유롭게 돌아다니며 생활할 수 있는 권리를 빼앗는 것은 피해를 입은 사람들에게 배상을 해 주는 것과 같아요.
배상을 할 수 없을 정도로 어마어마하게 심각한 죄를 저지르면 영원히 감옥에 갇혀 나오지 못할 수도 있어요. 평생 감옥에서 살아야 한다는 뜻이에요!

죄수는 모두
나쁜 사람인가요?

법을 지키지 않다니, 당연히 나쁜 사람이죠! 정말 그럴까요? 어른들 생각은 좀 달라요. 다른 사람을 해칠 분명한 목적을 가지고 행동한 사람이 나쁜 사람이에요. 법을 지켰더라도 말이에요. 그러니 감옥 밖에도 나쁜 사람이 있고, 감옥 안에도 착한 사람이 있을 수 있다는 말이지요.

자유를 토대로 세워진 국가에서 사법권은 정부로부터 독립되어 있어요. 사법은 모두의 기본권을 보호하기 위해 존재하지요. 사법은 자유의 권리, 삶의 권리, 안전에 대한 권리가 모두에게 평등하게 주어지는지, 갈등이 있다면 어떻게 중재하면 좋을지를 다루어요.

판사가 벌로써 개인의 자유를 빼앗기 위해서는 그가 다른 사람 혹은 다른 사람의 재산을 위협했는가 아닌가를 법에 따라 정확하게

판단해야 해요. 안타깝게도 사법이 정부로부터 독립하지 못한 나라들에서는 통치자에 의해 모든 것이 결정되어요. 그 나라의 국민들은 자유롭게 출국하거나 입국할 수 없고, 원하는 종교를 가질 수 없으며, 정보를 마음대로 공유하거나 표현할 수 없어요. 그 나라에서는 원하는 책을 읽거나 생각을 말하는 것만으로도 감옥에 갈 수 있어요. 그러니 이런 나라에서는 감옥에 갇힌 사람이 아닌, 감옥에 그들을 넣은 사람이 더 나쁜 사람이지 않을까요?

| 몸이 궁금해 | 뇌가 궁금해 | 마음이 궁금해 | 어른이 궁금해 |

교도소에서는 어떻게 지내나요?

잘못을 저질러 재판을 받으면 '자유'를 빼앗기는 벌을 받을 수도 있어요. 잘못을 저질렀으니 벌을 받는 건 당연해요. 하지만 자유를 빼앗기는 건 아주 혹독한 벌이랍니다. 자유롭게 외출할 수 없는 교도소 생활이 즐거울 리가 없잖아요?

가장 힘든 일은 가족과 떨어져 지내야 하는 거예요. 보고 싶어도 볼 수 없고, 목소리가 듣고 싶어도 전화 한 통 마음대로 할 수 없어요. 가족과 주고받는 편지까지 교도관*의 확인을 받아야 하지요. 더구나 흉악한 범죄를 저지른 사람들과 좁은 감방에서 지내야 해요. 견디기 어려운 감금 조건들을 무조건 따라야 하지요.

*교도관 : 교도소에 갇힌 사람들이 규칙에 따라 생활할 수 있도록 지도하고 관리하는 공무원.

| 사회가 궁금해 | 발견이 궁금해 | 과학이 궁금해 | 철학이 궁금해 |

하루 일과도 정해진 대로만 해야 해요. 식사 시간, 운동 시간, 작업 시간 등이 정해져 있어요. 교도관들은 한시도 쉬지 않고 24시간 동안, 자는 시간까지 감시해요.

날마다 같은 일정을 반복하다 보면 날짜와 시간 개념이 없어져요. 그날이 그날 같지요. 간혹 면회실에서 방문객을 만나거나 좁은 운동장에서 산책을 하거나 도서관에서 책을 보기도 하고, 편지를 쓰거나 읽는 등 소일을 하거나 작업장에서 일을 하면서 대부분의 시간을 보내요. 작업장에서 일을 해서 번 돈은 교도소에서 나갈 때를 위해 저축하기 때문에 대부분의 죄수들은 거의 아무것도 없이 최소한의 것만 가지고 생활을 한답니다.

| 몸이 궁금해 | 뇌가 궁금해 | 마음이 궁금해 | 어른이 궁금해 |

전쟁은 왜 하나요?

전쟁은 다른 사람의 먹을 것이나 가축을 빼앗는 작은 싸움으로 시작됐어요. 선사 시대 사람들은 농사를 짓기 시작하면서 곡식이 다 자랄 때를 기다리느라 한곳에 머물러 살게 됐어요. 농사를 짓다 보니, 같은 노력을 해도 더 많은 결실을 거둬들이는 이웃 부족의 기름진 땅이 탐났어요. 힘이 센 부족은 힘이 약한 이웃 부족의 기름진 땅을 빼앗기 위해 큰 싸움을 벌였지요. 이것이 전쟁의 기원이에요.

국경을 맞대고 있는 나라들이 벌이는 전쟁은 대부분 '영토 전쟁'이에요. 좀 더 넓은 영토를 차지하기 위해 나라끼리 총칼을 겨누고 싸우는 것이지요.

심지어 한 나라에 사는 국민들끼리도 출신, 문화, 종교가 다르다는 이유로 함께 살기를 거부하기도 해요. 각자의 삶의 방식과 생각을 강요하며 전쟁과 다를 바 없는 싸움을 벌이지요. 이런 걸 '내전'이라고 해요. 지금 이 순간에도 어디에선가 내전이 벌어지고 있을 거예요.

군인이 총칼로 싸우는 것만 전쟁이라고 하지 않아요. 오늘날 어떤 전쟁은 아무 잘못이 없는 사람들을 인질로 삼고 목숨을 빼앗아요. 또, 돈이나 곡물 혹은 상품을 가지고도 전쟁을 벌여요. 이렇게 전쟁의 모습도 다르게 바뀌고 있어요.

1945년 제2차 세계 대전 이후 전쟁은 피하고 경제적, 문화적으로 서로 돕자며 세계 여러 나라들이 연합하기로 결정했어요. 바로 '유엔'이에요. 유엔은 "평화를 위한 전쟁만이 우리가 해도 되는 유일한 전쟁"이라고 말하지요.

어쩌다 어린이들이 전쟁터로 내몰리게 되나요?

전쟁은 집뿐만 아니라 학교, 마을 전체를 잿더미로 만들어 버려요. 1990년부터 지금까지 200만 명이 넘는 어린이가 목숨을 잃었어요. 부상당하거나 장애아가 된 어린이만 600만 명이 넘어요. 그리고 전쟁은 수백만 어린이를 한순간에 고아로 만들기도 합니다.

심지어 30만 명의 어린이가 원하지 않는데도 강제로 무장을 하고 수많은 나라의 전쟁터에서 싸우고 있어요. 유엔이 공개한 이 숫자들은 보기만 해도 끔찍해요.

군인이 되어 전쟁터로 내몰린 어린이들이 폭력과 두려움을 이겨 내게 하려고 강제로 마약을 투여하기도 한대요. 중동이든 아프리카든 라틴 아메리카든 어린이를 군인으로 내세우는 것은 대개 집권 정부에 대항해 싸우는 반정부군이에요. 기관총을 손에 들고 싸우는 어린 병사들

| 사회가 궁금해 | 발견이 궁금해 | 과학이 궁금해 | 철학이 궁금해 |

중에는 이제 막 여덟 살이 된 아이도 있어요. 아프리카 르완다에서는 이렇게 어린 병사들이 협박에 못 이겨 고향 마을에 불을 지르고 이웃을 죽인다고 해요. 전쟁터에 끌려 나간 어린 여자아이들은 성인 군인들에게 성적 학대를 받기도 해요.

집도 가족도 없고, 학교도 그만두어 제대로 교육조차 받지 못한 어린이들은 무엇이 옳고 그른지 판단하기 어려워요. 그저 어른들이 시키는 대로 따르다 끔찍한 경험을 하는 것이지요.

이들을 보호하기 위해 수많은 단체와 기관이 노력하고 있어요. 만 18세 미만의 어린이를 군인으로 징집하는 것은 반인륜적 범죄 행위이므로 제재해야 한다고 유엔에 끊임없이 요구하고 있답니다.

군인도 전쟁이 무서울까요?

군복도 멋지고 구령도 우렁찬 군인 아저씨들! 대한민국의 건장한 성인 남자라면 의무적으로 군대에 가야 해요. 혹은 제복이 멋있어서, 아버지의 뒤를 이어, 공동체 생활을 하고 싶어서, 돈을 벌기 위해 '직업'으로 군인이 되기도 해요. 하지만 어떤 경우든 목숨을 걸고 나라를 지키겠다는 마음은 하나일 거예요.

군인은 죽음과 붙어 다니는 사이예요. 전쟁이 터지면 코앞에서 적군과 아군 모두 죽는 것을 지켜봐야 해요. 자신이 죽을 수도 있고, 누군가를 죽이기도 해요. 군인도 사람인데, 죽음의 공포가 어마어마하지 않겠어요?

하지만 훈련에 훈련을 거듭하면서 다른 사람들과의 연대감을 통해 마침내 죽음의 공포를 극복한답니다. 의사가 환자의 고통과 죽음 앞에서 기절하거나 도망치지 않도록 스스로를 단련하는 것처럼요.

| 사회가 궁금해 | 발견이 궁금해 | 과학이 궁금해 | 철학이 궁금해 |

오늘날에는 다른 나라를 정복하기 위해 전쟁을 벌이지는 않아요.
군대는 평화 유지와 지역 재건, 국민의 안전과 행복을 위해 노력해요.

부상을 당하거나 죽을 수 있는 위험은 항상 있어요. 하지만 세계 평화와 안전 보장을 위해 모인 남녀 병사들은 인도주의* 깃발 아래 활동합니다. 그것이 죽음의 공포를 이겨 낼 큰 힘이 되지요.

*인도주의 : 인간의 존엄성을 최고의 가치로 여기고 인종, 민족, 국가, 종교 따위의 차이를 초월하여 인류의 안녕과 복지를 꾀하는 것을 목표로 하는 사상이나 태도.

| 몸이 궁금해 | 뇌가 궁금해 | 마음이 궁금해 | 어른이 궁금해 |

어떻게 벌레를 먹을 수 있어요?

아이들에게 무엇을 먹고 무엇을 먹지 말아야 하는지 가르치는 건 대개 부모님이에요. 우리는 좋은 음식과 나쁜 음식, 독이 되는 음식에 대해 배워요. 어떤 음식을 좋아하거나 싫어하는 것은 자신이 살고 있는 곳의 문화와 풍습에서 많은 영향을 받지요. 벌레를 먹는 것도 마찬가지예요. 어떤 문화권에서는 징그럽다고 여겨지는 벌레를 다른 문화권에서는 맛있는 단백질 공급원으로 생각하고 즐겨 먹기도 한답니다.

먹을거리를 고르고 요리하고 맛보는 일은, 맛에 대한 교육이 필요한 일이에요. 서부 아프리카에 있는 부르키나파소 아이들은 버터나무에 사는 벌레를 '오지의 캐비어'라고 부르면서 쌈 요리나 튀김 요리 등 다양한 방법으로 요리해 먹는답니다. 아시아와 아프리카, 남아메리카 사람들은

| 사회가 궁금해 | 발견이 궁금해 | 과학이 궁금해 | 철학이 궁금해 |

애벌레는 물론이고 귀뚜라미나 메뚜기도 맛있게 요리해 먹어요.

하지만 아무 벌레나 먹는 건 아니에요. 먹을 수 있는 맛있는 벌레와 먹으면 안 되는 벌레를 구별하지요. 예를 들면 무당벌레, 빈대, 바퀴벌레 같은 벌레는 절대 먹지 않아요. 독성이 있거든요!

어떻게 개를 먹을 수 있나요?

중국은 7천 년 전부터 '사람의 친한 벗'인 개를 요리해 먹었어요. 개고기는 '피를 따뜻하게 한다.'고 믿었거든요. 프랑스, 모로코 요리와 함께 맛있기로 소문난 중국 요리는 음식 재료가 다양한 것으로도 유명해요.

중국 사람들은 음식이 몸의 기를 다스린다고 생각했어요. 그래서 음식보다 좋은 의사는 없다고 믿었지요. 양의 기운인 고기와 음의 기운인 채소가 어우러져야 몸의 기운을 좋게 한다고 생각했어요. 척박한 땅, 자연재해 등으로 굶는 일이 많았던 중국 사람들은 거의 모든 종류의 뿌리와 채소, 벌레 그리고 가축을 요리해 먹었어요. 그렇게 해서 살아 있는 거의 모든 생물이 중국인들의 접시에 올라가게 된 거랍니다.

어떤 음식을 먹느냐, 먹지 않느냐는 생활하는 문화권에 따라 달라져요. 남아메리카에서는 실험용 쥐로 흔히 쓰는 모르모트를

| 사회가 궁금해 | 발견이 궁금해 | 과학이 궁금해 | 철학이 궁금해 |

식용으로 써요. 영국의 앵글로·색슨족은 토끼 고기를 싫어하지만, 프랑스 사람들은 토끼 고기를 즐겨 먹지요. 프랑스 사람들은 개구리 다리를 요리해 먹지만, 도미니카 공화국에서는 아주 옛날부터 거대한 두꺼비 요리를 즐겨 먹었어요. 프랑스 서북부 지역에서는 얼마 전까지만 해도 '울타리의 장어'라고 불리던 물뱀을 요리해 먹었답니다.

지금 이 순간에도 80여 개국 사람들이 1천 400여 종의 벌레를 맛있게 먹고 있어요. 각자의 신앙과 전통에 따라 먹는 것도 다른 거예요. 그러니까 누군가는 개가 아니라 어떻게 메뚜기 요리를 먹느냐고 말할 수 있겠지요?

디저트 접시는
왜 수프 그릇보다 작아요?

옛날 유럽의 귀족들은 식사를 하는 동안 적어도 여섯 번은 접시를 바꾸었다고 해요. 오늘날에는 그만큼 자주 접시를 바꾸지는 않지만 예의상 디저트를 먹을 때에는 전채 요리나 주요리를 먹을 때와는 다른 접시를 써요.

사실 음식을 먹으며 지저분해진 접시에 새 음식을 담으면, 맛도 섞이고 보기에도 좋지 않잖아요. 그런데 디저트 접시는 왜 이렇게 작은 걸까요? 한 입 크기의 초콜릿 케이크가 겨우 올라갈 정도라니요!

| 사회가 궁금해 | 발견이 궁금해 | 과학이 궁금해 | 철학이 궁금해 |

디저트는 식사가 끝날 때쯤에 나와요. 이미 배가 부른 상태이므로 배를 채울 목적으로 산딸기 케이크나 캐러멜 크림 같은 달콤한 디저트를 먹지는 않겠지요? 그러니까 디저트 접시가 클 필요가 없는 거예요. 수프나 다른 요리들은 배를 부르게 하니까 큰 접시를 쓰는 거지요. 디저트는 맛을 즐기기 위해 먹는답니다.

만약 커다란 디저트 접시를 원한다면 방법은 하나뿐이에요! 디저트로 식사를 시작하면 돼요!

몸이 궁금해 | 뇌가 궁금해 | 마음이 궁금해 | 어른이 궁금해

만우절 장난은 어떻게 생겨난 거예요?

프랑스 사람들은 4월 1일인 만우절을 '4월의 물고기'라고 불러요. 만우절의 유래에는 많은 이야기가 있어요. 하지만 변하지 않는 사실 하나는, 이날이 장난치고 농담하는 날이라는 거예요!

1563년까지만 해도 프랑스 기독교인들은 예수의 부활을 기념하기 위한 축제인 부활절과 함께 새해를 맞았어요. 프랑스인의 새해는 부활절에 시작했던 거예요. 그런데 샤를 9세는 '왕의 힘'을 보여 주고 싶어서 1564년부터는 프랑스 왕좌 계승 날을 새해로 선언했어요. 그래서 양력 1월 1일이 새해 첫날이 되었어요.

| **사회가 궁금해** | 발견이 궁금해 | 과학이 궁금해 | 철학이 궁금해 |

달력이 바뀌자, 새해를 맞아 선물을 나누는 방법도 바뀌었어요. 장난기가 넘쳤던 사람들은 사라진 새해를 아쉬워하며 여전히 부활절에 '특별한' 선물을 했지요. 1564년 부활절, 바로 4월 1일에 말이죠. 그 후로도 같은 날에 여전히 선물을 주고받으며 장난을 했던 것이 만우절의 유래가 되었어요.

이날을 '4월의 물고기'라고 부르게 된 이유가 4월에 태양이 물고기자리를 떠나서라고도 하고, 혹은 예수 이름인 'Jesus'가 그리스어로 '물고기'를 뜻하기 때문이라고도 해요. 예루살렘에서 예수를 십자가에 매달 때 예수가 겪었던 고통과 조롱을 잊지 않기 위해 4월의 '고난 주간'을 '4월의 물고기'로 바꿔 불렀다고도 하지요. 가톨릭 국가였던 프랑스에서는 부활절을 앞두고 40일 동안 금식을 했어요. 이때 먹을 수 있었던 유일한 음식이 물고기였대요. 그러니 금식이 끝나는 부활절에 웃자는 의미로 가짜 물고기를 등에 붙여 주면서 만우절이 시작됐다고도 해요.

발견이 궁금해

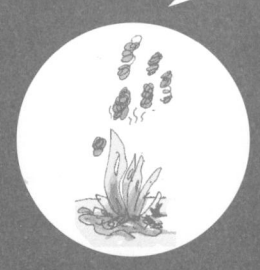

| 몸이 궁금해 | 뇌가 궁금해 | 마음이 궁금해 | 어른이 궁금해 |

위대한 발견은 어떻게 이루어지나요?

잘못된 호기심에 남의 가방을 뒤지고 자물쇠 구멍을 들여다본다면 혼쭐이 날 거예요. 당연하잖아요? 하지만 호기심이 없었다면 우리는 여기 없었을지도 몰라요. 성장하고 발전하려면 멀리 내다볼 수 있어야 해요.

땅속이 궁금해서 파 봐야 감자를 발견하고, 눈에 보이지 않는 것들을 어떻게 하면 볼 수 있을까 궁리해야 현미경을 발명하지요. 달에 가고 싶은 호기심이 있었기에 우주선을 띄울 수 있었잖아요. 이렇게 인간이 끊임없이 알고 싶어 하고 궁금해했기에 늘 새로운 것을 발견하고 발명할 수 있었어요.

죽음이나 질병, 기상 현상도 마찬가지예요. 과학적으로 논리적으로 그것들을 설명할 수 없었던 때, 인간은 모든 상상력을 동원해 그것들이 생겨난 이유를 만들어 냈어요. 모든 사물의 기원에 관한

신화와 전설이 탄생한 배경에는
인간의 호기심이 있었어요.

**발견과 발명은 불만족에서
생겨났어요.** 이미 알고 있던
내용이 틀렸다는 것을 아는 순간,
인간은 다시 질문할 줄 알았어요.
새로운 질문은 새로운 가능성을
열어 주는 열쇠가 되어 주었지요.

**오랫동안 믿었던 진실이 틀렸다는 것을 깨닫고 새로운 진실을 알아
내기까지 수없이 많은 문을 열쇠로 열어 보아야 해요.** 그런 과정이
없다면 우리는 여전히 귀신이 사람을 죽일 수 있다고 믿거나
지구가 납작하다고 믿고 있을 거예요.

위대한 발견은 항상 기존의 질서를 뒤흔들어요. 그래서 많은 역사적
발견자들은 그들이 살았던 시대에는 사랑받지 못했어요. 하지만
그들의 목숨을 건 시도와 실수가 있었기에 우리가 좀 더 발전할 수
있었던 거랍니다.

인류의 조상이 진짜 침팬지예요?

어쩌면 진짜 침팬지였을지도 모른다고요? 아랫입술을 뒤집고 얼굴을 찌푸리면 영락없이 침팬지 같지 않나요?

수백만 년 전에 살았던 최초 인류의 화석을 발견한 순간인 150년 전부터 과학자들도 같은 고민을 했어요. 인류와 침팬지가 같은 조상을 두고 있는 게 아닐까, 같은 조상이 아니더라도 사촌 간은 되지 않을까 하고 말이에요.

실제로 침팬지와 인간은 정말 놀라울 만큼 많이 닮았어요. 침팬지도 두 발로 걷고, 손을 자유자재로 사용하고, 도구를 만들어 써요. 문제가 생기면 사람처럼 고민을 해서 해결하지요. 하지만 안타깝게도 사람은 침팬지처럼 나무줄기를 타고 이 나무에서 저 나무로 멋지게 옮겨 다닐 수 없어요. 훈련이 부족한 탓이겠지만요.

얼굴 생김새나 털이 난 정도, 서 있는 모습도 완전히 똑같지는 않아요. 더구나 서로 의사소통하는 방식은 확연히 다르지요. 침팬지는 몸짓으로 이야기하거나 으르렁거리지만, 사람은 정확한 소리의 규칙과 뜻이 있는 '언어'를 사용해요.

가장 큰 차이는 '생각하는 능력'이에요. 사람에겐 '의식'이라는 게 있어요. 어떻게 행동해야 하는지, 왜 해야 하는지를 생각하지요. 인간은 '왜 그럴까?'를 여러 번 생각해 기억했다가 일어날 일을 예측하고 문제를 해결하지요. 만약 진화한 침팬지가 인간이라면, 도대체 얼마나 놀라운 진화를 해 온 걸까요?

| 몸이 궁금해 | 뇌가 궁금해 | 마음이 궁금해 | 어른이 궁금해 |

하루는 왜
24시간이에요?

손목시계나 알람 시계를 보고 시간을 아는 건 쉬워요. 하지만 고대에는 시계가 없었으니 스스로 시간을 알아내야 했어요. 낮에는 해를 이용해 몇 시인지 알았지만, 밤에는 어떻게 몇 시인지 알았을까요?

고대 이집트의 천문학자들은 별을 보고 밤의 시간을 나누었어요.
천문학자들은 별들이 태양처럼 동쪽에서 떠 서쪽으로 진다는 사실을 알아냈지요. 천문학자들은 정확한 관찰을 하기 위해 하늘을 커다란 케이크처럼 36조각으로 나누었어요.

또, 이 별들 중의 한 별이 거의 움직이지 않는다는 것을 알아냈지요. 바로 이 별, 북극성을 중심으로 다른 별들이 돈다는 것도 알아내어 북극성을 별들 간의 거리나 방향 등을 나타내는 기준으로 삼았답니다.

여름 밤하늘을 관찰하면서 천문학자들은 하늘의 열두 조각만이 북극성을 지나가는 것을 알아냈어요. 천문학자들은 각 조각을 한 시간으로 정했어요. 밤을 열두 시간으로 나누었던 거예요. 천문학자들은 낮도 똑같이 열두 시간으로 나누었어요. 그렇게 해서 24시간이 생겼답니다.

이렇게 시간을 재는 데 사용된 별 시계는 기원전 3천 년 전에 무덤의 천장에 그린 그림에서 발견되기도 했어요.

| 몸이 궁금해 | 뇌가 궁금해 | 마음이 궁금해 | 어른이 궁금해 |

일주일은
왜 7일인가요?

서로 어울려 살기 위해, 사람들은 몇 가지 약속을 했어요. 그래야 하루의 일과를 정하고 계절에 맞게 생활 계획을 세울 수 있었거든요. 다행히도 인간은 놀라운 관찰력으로 달력을 발명할 수 있었지요.

달이 지구를 한 바퀴 도는 데 대략 28일이 걸려요.
그동안에 달은 상현달, 보름달, 하현달, 삭*으로 네 번 모습을 바꾸어요. 이렇게 네 번 모습을 바꾸는 데 각각 7일씩이 걸리지요. 사람들은 달이 한 번 모양을 바꾸는 7일을 일주일로 정했어요.

기원전 1천 년경, 바빌로니아의 칼데아 사람들이 이런 방식으로 일주일을 생활에 적용하기 시작했어요. 이후 히브리 민족은 이를 성경에 근거하여 종교적으로 해석했어요. 신이 세상을 창조하는 데

*삭 : 달이 태양과 지구 사이에 들어가 일직선을 이루어 보이지 않을 때로, 음력 1일에 해당한다.

6일이 걸리고 일곱 번째 날에 휴식을 취했다고요. 이날은 유대인의 전통에 의하면 '안식일'에 해당돼요.

본격적으로 일주일이 쓰이기 시작한 건 로마 시대 아우구스투스 황제의 통치 때예요. 각각의 날에 별의 이름을 붙였어요. 첫째 날은 달, 둘째 날은 화성, 셋째 날은 수성, 넷째 날은 목성, 다섯째 날은 금성, 여섯째 날은 토성, 일곱째 날은 태양의 날로 불렀어요.

기독교는 303년에 공식적으로 태양의 날인 일요일을 주일로 변경했어요. 바로 '주님의 날'이라는 뜻이에요.

음악은 어떻게 시작되었나요?

전설에 따르면 신들이 최초의 음악가였다고 해요. 그리스 아폴론 신은 칠현금*을 연주했고, 인도의 크리슈나 신은 플루트 연주를 즐겼대요. 너그럽고 호기심 많은 이 신들이 인간에게 악기와 함께 연주법도 알려 주었다지요.

그리스·로마 신화에 따르면 음악은 예술을 관장하던 아홉 여신 중 하나인 뮤즈의 선물이래요. 뮤즈는 인간들에게 음악을 알려 주었고, 인간은 감사의 뜻으로 여신을 칭송하는 노래를 부르고 시를 쓰고 춤을 추었다고 해요. 그렇게 신들의 음악이 인간들에게 전해졌대요.

*칠현금 : 일곱 줄로 된 고대 현악기.

| 사회가 궁금해 | **발견이 궁금해** | 과학이 궁금해 | 철학이 궁금해 |

원시 인류는 조개와 돌, 대나무, 팽팽하게 당긴 동물의 가죽을 두드리며 다양한 소리를 만들어 냈어요. 이 소리들이 잘 어우러지면 듣기에 좋다는 것을 알아냈지요. 사람들을 기분 좋게 하는 소리, 힘이 나게 하는 소리, 코끝이 찡해지게 만드는 소리의 어우러짐을 찾으려 끊임없이 새로운 시도를 했어요.

하지만 바람과 물과 새 소리를 모방한 악기가 완성되기까지는 오랜 시간에 걸친 많은 시도와 실패가 있었어요. 그런 과정을 거쳐 이집트의 하프가 만들어졌어요. 놀랍게도 하프가 세상에 처음 등장한 지 5천 년도 채 되지 않았답니다.

집집마다 문은 왜 있는 건가요?

오랜 옛날에는 집에 창문이 아주 작거나 없고, 문은 아주 작았다고 해요. 추위와 도둑 때문이기도 하고, 창과 문의 숫자에 따라 세금을 냈기 때문이라고도 해요. 프랑스 전통 가옥의 문은 위와 아래로 나뉘어 있었어요. 그래서 낮 동안에는 위 문만 열어 놓았다고 해요.

그런데 왜 모두들 문을 꽁꽁 닫고 사는 거죠? 활짝 열어 놓으면 안 되나요? 문을 닫으면 누가 함부로 들어올 수 없어요. 그래서 안전하다는 생각이 들지요. 또, 자신만의 공간이 되어서 어떤 행동도 자유롭지요. 혹은 문을 닫지 않으면 비가 들이칠 수도 있고, 추위에 떨 수 있어서 닫아 놓는 것일 수도 있어요. 도둑이 들어 집 안의 소중한 물건을 훔쳐 갈 수도 있고, 무례한 사람들이 사생활을 침해할 수도 있어서 문을 닫기도 한답니다.

아마존을 비롯한 덥고 습한 아열대 지방의 일부 원주민들은 집을 만들 때 문을 달지 않아요. 대부분 나무 기둥을 세우고 야자수잎을 엮어 벽을 만들고 지붕을 덮어요. 이런 지역의 집에서 중요한 것은 통풍이에요. 그래서 문이 필요 없는 것이지요. 혼자 있고 싶을 때에는 어떻게 하냐고요? 해먹 속에 몸을 웅크리고 들어가면 되죠!

국기는 왜 만들었나요?

깃발은 무늬나 색깔에 따라 어느 도시인지, 어느 부족인지, 혹은 어느 집안인지를 구별할 수 있는 표식이었어요. 멀리서도 확인할 수 있는 일종의 신분증 같은 것이었지요. 깃발만 보고도 방문자가 어느 곳에서 온 누구인지를 알 수 있어서 싸울 준비를 해야 할지 환영을 해야 할지 대비할 수 있었어요.

옛날에는 도시에 전염병이 돌면 깃발을 세워 격리 지역을 알렸어요. 바다 위에서는 오늘날에도 여전히 돛대에 단 깃발로 다른 배와 의사소통을 해요. 서로가 누구인지 밝히고, 무슨 목적으로 항해를 하고 있는지 알려요. 해적선이 나타나면 특정 깃발을 달아 주변에 알리기도 해요.

국가가 생기면서 깃발은 국기로 바뀌었어요. 깃발만 봐도 어느 나라인지 알 수 있지요. 구별 가능한 고유한 무늬와 색깔을 사용하니까요. 색깔이나 그림은 곧 그 나라 역사의 상징이에요.

프랑스 국기는 1789년 프랑스 혁명 때 만들어졌어요. 당시 파리 시의 상징색인 파란색과 붉은색에 왕실의 상징색인 흰색을 더했어요.

우리나라 태극기는 고종 20년, 1883년에 국기로 제정되고 공포되었어요. 흰색 바탕 위에 가운데 태극 문양과 네 모서리의 건곤감리 4괘로 구성되어 있지요. 태극은 음(파랑)과 양(빨강)의 조화를 상징해요. 4괘는 검은색으로 건은 하늘을, 곤은 땅을, 감은 물을, 이는 불을 상징하지요.

치료 약은 어떻게
만들어 냈어요?

옛날에는 우연히 먹어 본 식물에서 약효를 발견하고는 했어요.
치통을 앓던 누군가는 정향나무 꽃봉오리를 달여 먹었는데 치통이
가셨고, 심한 상처로 통증이 심했던 누군가는 양귀비 열매의 즙을
먹었더니 아픔이 가셨던 것이지요. 하지만 위험한 독이 들어 있는
당근을 처음 먹었던 사람은 독 당근의 효능에 대해서 말해 줄
틈이 없었을 거예요.

**그러니까 약은 오랜 경험 끝에 얻은 소중한 결과물이라고
할 수 있어요.** 하지만 이 놀라운 약의 효능은 오랫동안
성직자, 신관,* 마법사 등 몇몇 전문가와 치료사들
사이에만 전해졌답니다.

**19세기에 이르러 화학이 크게 발전하자, 사람들은 식물, 동물,
광물에서 다양한 약효를 가진 성분들을 추출해 냈어요.** 여러

---

*신관 : 신을 받들어 모시는 일을 맡은 사람.

성분을 조합해 병을 치료하는 데 썼지요. 이렇게 첫 번째 조제약이 생겼어요.

오늘날은 자연에서 얻었던 약 대신 기술의 발달로 인공적인 약을 생산할 수 있게 되었어요. 더 효과적이고 비용이 덜 드는 화학적 약들을 새로 만들게 된 거예요.

이것을 '합성 화학'이라고 해요. 과학의 발달에도 불구하고 아시아, 아프리카, 남아메리카의 많은 사람들이 여전히 전통적인 약으로 병을 고치며 건강을 지키고 있어요. 이상적인 것은 다음 두 가지가 아닐까요? 무엇보다 위생 관리를 철저히 하고 다치지 않게 조심하는 것! 그리고 병이 들었다면 적절한 약을 처방받아 치료하는 것 말이에요.

초콜릿은 누가 처음 만들어 냈나요?

신화에 따르면, '성장과 재생의 신', 케찰코아틀(Quetzalcoatl)이 마야와 아즈텍 사람들에게 카카오 재배법과 추출법을 알려 주었다고 해요. 먼저 카카오 열매를 불에 볶아 절구에 빻고, 가루로 만들어요. 가루에서 카카오 오일이 나와 가루가 한 덩어리로 엉기면, 여기에 고추, 사탕수수, 아니스 등 향신료를 섞어 물에 녹여 먹었어요. 자연에서 얻은 카카오 열매를 그대로 썼던 아즈텍 사람들은 맛을 부드럽게 하려고 꿀을 섞어 마셨다고 해요.

아스테카왕국의 몬테수마 황제가 1519년 자신들의 땅에 첫발을 디딘 스페인 사람 에르난 코르테스를 환영하며 대접한 음료가 바로 이 쇼콜라틀(Xocolatl)이에요.

그러니까 스페인이 아스테카 문명을 무참히 정복한 결과로 유럽 사람들이 지금의 초콜릿 맛을 볼 수 있었던 거예요. 스페인 사람들은 아즈텍 사람들이 넣었던 고추 대신 바닐라를 넣고 오렌지꽃을 첨가해 자신들만의 쇼콜라틀을 만들었어요. 주로 따뜻한 쇼콜라틀을 마셨는데, 더 쉽게 가지고 다니면서 먹으려고 단단한 초콜릿도 만들었지요.

1615년 스페인의 앤 공주가 프랑스 국왕 루이 13세와 결혼하면서 프랑스 궁전에 처음 초콜릿이 들어오게 됐어요. 초콜릿은 급속도로 프랑스 귀족들의 마음을 사로잡았어요. 그 뒤로 프랑스 궁전에 초콜릿만 전문적으로 만드는 요리사를 따로 두었다고 해요.

이제는 누구도 초콜릿이 위대한 신 케찰코아틀의 선물이라는 것을 기억하지 못하지만 초콜릿이 우리 몸과 기분을 좋게 해 준다는 것만은 다 알고 있지요.

| 몸이 궁금해 | 뇌가 궁금해 | 마음이 궁금해 | 어른이 궁금해 |

언제부터
커피를 마셨나요?

커피는 진하고 쓴 데다 양도 적었어요. 사람들은 처음에 커피를 좋아하지 않았죠. 하지만 수백 년이 지난 오늘날 전 세계 사람들이 날마다 한두 잔의 커피를 마셔요. 몸에 좋은 시금치는 안 먹으려고 하면서 왜 이 쓰디쓴 커피는 못 마셔서 안달일까요?

1500여 년 전, 에티오피아 사람들은 염소들이 커피 열매를 먹고 나면 날뛴다는 것과, 사람들도 흥분한다는 것을 알게 되었지요. 아랍인들은 커피 열매를 볶고 갈아 물에 끓여 마셨어요.
  술이 금지된 이슬람 사람들에게 이 새로운 음료는 '카외' 또는 '카와'라 불리며 선풍적인 인기를 끌었어요. 첫 '커피집'이 생긴 곳도 바로 메카*였어요. 거기서 사람들은 마법과 같은 검은 물을 홀짝이며 장기를 두거나 물건을 사고 팔았지요.

*메카 : 사우디아라비아 서남부의 도시. 이슬람교의 창시자인 마호메트가 태어난 곳으로, 이슬람교의 성지이다.

유럽에는 17세기에 커피가 전해져 삽시간에 퍼졌어요. 아스테카 왕국에서 스페인 사람들이 카카오를 들여온 지 150여 년이 지난 뒤였어요. 중국에서 차를 수입하고 얼마 되지 않았을 때였지요.

아이들은 어른을 흉내 내거나 혹은 어른처럼 보이려고 커피를 마셔요. 너무 쓰기 때문에 설탕을 잔뜩 넣고 말이에요. 어른이 되어서는 카페에서 파는 음료수 중에 제일 싸니까 마셔요. 이렇게 별로였던 음료가 가장 인기 있는 음료가 되었지요.

| 몸이 궁금해 | 뇌가 궁금해 | 마음이 궁금해 | 어른이 궁금해 |

물감은 어떻게 만들어졌나요?

인류가 글을 쓰기 시작한 때는 3천여 년 전이고, 그림은 4만여 년 전으로 거슬러 올라가요. 인류는 자신을 둘러싸고 있는 세상과 자신을 표현하기 위해 아주 오래전부터 그림을 그렸어요.

구석기 시대에 인류는 이미 흙과 동물의 뼛가루, 식물에서 짜낸 즙에 물이나 기름을 섞어 동굴 벽에 그림을 그렸어요. 덕분에 우리는 오늘날까지 세계 곳곳에 남아 있는 놀라운 그림을 볼 수 있어요.

시간이 흘러 인류는 신들의 아름다움과 경이로움을 표현할 아름다운 색을 찾고자 애썼어요. 갈색과 붉은색, 노란색을 얻으려고 땅을 갈았지요. 돌에서는 초록색과 파란색을 얻었어요. 흰색은 오늘날에 분필을 만들 때 쓰이는 백악을 이용했어요. 또, 자주색 조개껍데기에서 진한 붉은색을 얻었답니다.

요리사처럼 화가들도 자신만의 색을 팔레트에 올리기 위해 고유한 제조법을 개발하려고 애썼어요. 흙덩이와 돌덩이, 조개에서 얻은 고운 가루를 섞어 새로운 색을 만들기도 했어요. 이것들을 섞기 위해 물과 기름, 달걀흰자를 넣었지요.

오늘날에도 여전히 많은 화가들이 옛날 방식으로 물감을 만들어 써요. 하지만 화학과 산업 기술이 발달한 덕분에 무지개 빛깔을 더 다양하게 표현할 수 있는 물감을 무한정 생산할 수 있게 되었지요. 그래도 새로운 색을 만들려는 창의적인 시도들을 막을 수 없어요!

| 몸이 궁금해 | 뇌가 궁금해 | 마음이 궁금해 | 어른이 궁금해 |

불꽃놀이는 언제부터 했나요?

옛날 중국 사람들은 하늘에 사는 뿔 달린 괴물 '니엄'을 쫓으려고 장작불에 대나무를 던져 태웠어요. 대나무가 불에 타며 불꽃이 타닥타닥 터지면 '니엄'이 놀라 도망친대요. 이 전통 놀이에서 불꽃놀이가 유래했다고 해요.

실제로 황산과 석탄가루, 질산 칼륨을 섞어 처음으로 폭발물을 만든 것도 중국인이에요. 적을 놀라게 하고 목숨을 빼앗기 위해 이 폭발물을 만들었지요. 유럽 궁궐에서 유흥을 위해 불꽃놀이를 하기 훨씬 전부터 말이에요.

불꽃놀이를 더 멋지게 연출하려고 화약을 만드는 장인들은 여러 가지 로켓을 만들기도 했어요. 화약이 든 커다란 로켓이 폭약이 들어 있는 작은 로켓 여러 개에 불을 붙여요. 로켓은 점화 장치를 이용해 불을 뿜으며 하늘로 솟아오르고, 이어서 작은 로켓에 불이 붙어 사방으로 퍼져 나가게 돼요. 그런 뒤 각각 폭발하면서 온갖 색깔의 불꽃을 쏟아 내는 거예요.

어떤 화학 첨가물을 섞느냐에 따라 파란색, 노란색, 금색 불꽃이 피어나요. 파란색을 얻고 싶으면 구리와 아연, 노란색은 소듐, 금색은 철 가루를 넣으면 돼요. 하지만 얼마씩 섞어야 할까요? 그건 불꽃을 만드는 장인들만의 비법이에요!

| 몸이 궁금해 | 뇌가 궁금해 | 마음이 궁금해 | 어른이 궁금해 |

박물관은 어떻게 생겨났나요?

사람들은 추억이 깃든 물건을 쌓아 두길 좋아해요. 아이들은 보물을 작은 상자에 넣어 침대 밑에 숨기지요. 어른들은 연필, 사진, 우표 같은 것을 수집하고, 국가는 아예 '박물관'을 만들어 역사적으로나 예술적으로 가치 있고 의미 있는 물건들을 관리해요.

선사 시대 사람들이 살았던 동굴 유적에서는 그 시대 사람들이 모아 놓은 뼛조각, 바위, 조개 들이 무더기로 발견됐어요. 고대 이집트 사람들은 죽은 사람이 저승에 가서도 행복하게 살라고 온갖 귀중한 물건들을 무덤에 함께 넣었어요.

고대부터 중세까지는 왕족과 여러 종교의 사제들이 궁궐과 성당, 사원에 온갖 예술품들을 수집해 놓아 누구나 감상할 수 있었지요. 14세기 무렵 이탈리아의 부유한 가문들은 앞다투어 희귀한 물건들을 수집했어요. 이러한 움직임은 예술 발전에 큰 변화를 일으켰어요. 하지만 이때까지도 이곳들을 박물관이라고 부르지는 않았어요. 사적인 수집품을 모아 두는 곳에 불과했지요.

소장품이 많아지면서 분류가 필요했어요. 어떤 종류의 물건인지, 어느 시대의 것인지에 따라 잘 분류된 물건들은 '갤러리'라고 불리는 궁궐의 긴 복도를 가득 채웠지요. 명망 있는 예술가와 제자 들만이 초대되어 갤러리의 놀라운 전시물들을 볼 수 있었어요. 이렇게 해서 첫 번째 박물관이 탄생되었답니다.

| 몸이 궁금해 | 뇌가 궁금해 | 마음이 궁금해 | 어른이 궁금해 |

시각 장애인은 어떻게 글자를 읽어요?

손끝으로 읽어요! 1829년, 프랑스의 루이 브라유는 당시 군인들이 어둠 속에서 의사소통을 하기 위해 만들어 낸 '야간 표기법'을 알게 되었어요. 브라유는 야간 표기법을 보고 시각 장애인들을 위한 표기법을 만들었어요. 이것을 '점자'라고 해요.

브라유는 3살 때 사고로 시력을 잃었어요. 파리의 시각 장애인을 위한 학교에서 공부한 뒤, 선생님으로 일하고 있었지요. 브라유는 종이에 송곳이나 특수 기계로 점을 뚫어 64개의 조합으로 알파벳은 물론 악센트가 있는 모음, 마침표나 물음표, 숫자와 수학 기호, 음표까지 표시했어요.

점자는 손가락 끝으로 점의 조합을 만져 무슨 글자인지 알아내요. 사람들이 보통 책을 읽을 때처럼 왼쪽에서 오른쪽으로 문자가 진행되어요. 일정한 크기의 사각형

안에 가로 2줄, 세로 3줄로 배열한 6개의 점이 있는데, 자음과 모음에 따라 해당 위치에 점을 찍으면 읽고 쓰기 위한 점자가 완성되지요. 예를 들면 한글의 경우, 초성의 ㄱ은 맨 위 오른쪽 점으로, 초성의 ㄴ은 맨 위 오른쪽과 왼쪽 점으로 표기해요.

브라유 시스템은 한글이나 중국어를 포함해, 모든 언어에서 사용 가능해요. 하지만 시각 장애인이 문학을 접하기 위해서는 많은 노력이 필요해요. 아직도 많은 작품들이 브라유 점자로 만들어지지 않았기 때문이에요.

기중기 없이
어떻게 성을 지었나요?

인류는 힘은 약했지만 생각을 할 줄 알았어요. 그래서 인류는 농사를 짓기 시작하면서 부족한 힘을 대신할 소와 말을 키웠고, 힘과 시간을 최대한 덜 들이고 많은 일을 할 수 있도록 온갖 도구들을 만들어 냈답니다.

| 사회가 궁금해 | **발견이 궁금해** | 과학이 궁금해 | 철학이 궁금해 |

커다란 성이나 성당을 짓기 위해 무거운 돌을 옮겨야 할 때에는 당나귀와 말, 소의 도움을 받았어요. 큰 바구니와 가마에 돌을 담아 채석장에서 공사장까지 끌고 가게 했지요. 그러고는 돌을 반듯하게 자른 뒤 석회, 모래, 물을 섞어 만든 회반죽을 발라 가며 돌을 쌓아 올렸어요.

돌과 돌 사이에는 약간의 간격을 두어 나무를 끼웠어요.
이 나무 막대 위로 판자를 걸쳐 못질을 하고 도르래를 고정시켜 길을 만들었지요. 오늘날 공사 현장에서 '발판'이 된 이 '나무 길'을 따라 그 옛날 석공과 목수 들은 높은 성곽을 짓는 일을 할 수 있었어요. 무거운 돌들도 이 길을 따라 높은 곳까지 올릴 수 있었지요. 성이 완성되면 나무 길은 제거되고 일꾼들은 새 일터를 찾아 떠났어요.

요즘에는 어마어마하게 높은 건물도 1년이면 뚝딱 지어요. 하지만 몇백 년 전에는 대성당이나 성을 짓는 데 100년도 더 걸렸어요.

| 몸이 궁금해 | 뇌가 궁금해 | 마음이 궁금해 | 어른이 궁금해 |

영국 자동차 운전석은 왜 오른쪽에 있어요?

옛날 영국의 기사들은 칼을 오른손에 쥐었기 때문에 칼집을 왼쪽에 찼어요. 그래서 좁은 길에서 마주 오는 기사가 있으면 서로 칼이 부딪히지 않게, 자연스레 왼쪽으로 말을 몰았어요. 그렇지 않으면 결투를 청하는 신호가 되었답니다.

이쯤에서 다시 질문해 볼까요? 그렇다면 우리는 왜 오른쪽 방향으로 운전을 하는 걸까요? 그 까닭을 알기 위해서는 나폴레옹 1세 때로 거슬러 올라가야 해요. 전투 시, 공격은 보통 말을 몰 때와 마찬가지로 왼쪽으로 행해졌어요.

똑똑한 전략가인 나폴레옹 1세는 기습 공격의 효과를 높이기 위해 관습을 깨고 왼쪽이 아닌 오른쪽을 공격했지요. 그리고 이 전술로 오스트리아, 스페인, 이탈리아 등 여러 나라와의 전투에서 큰 승리를 거두었어요.

나폴레옹 1세는 자신의 우위를 내세우기 위해 패배한 나라와 동맹국에게 오른쪽 방향으로 말을 몰도록 했지요. 이후 이 나라들도 자신의 식민지에 이와 같은 방식을 채택하도록 강요했어요. 한 번도 전쟁에서 진 적이 없는 영국만이 명예를 지키며 관습을 바꾸지 않아도 됐어요. 이렇게 해서 전 세계 60여 나라만이 영국처럼 운전석이 오른쪽에 있고, 왼쪽 방향으로 차를 몰아요.

하지만 런던에는 예외적으로 오른쪽으로 통행을 하는 길이 있어요. 1889년 문을 연 사보이 호텔 앞길로, 마부가 마차의 문을 열어 주기 위해 내릴 필요가 없도록 오른쪽 길에 마차를 대었던 것이 지금껏 지켜지고 있답니다.

어떻게 무거운 배가 물에 뜨나요?

이상해요! 유리구슬은 물에 넣으면 바로 가라앉는데, 5만 톤이나 되는 유조선은 바다에 뜨다니 말이에요!

이 현상을 설명하려면 기원전 250년 무렵의 그리스로 가야 해요.
당시 시라쿠사의 왕 히에론은 왕관을 만드는 세공사가 순금에 은을 섞어 자신을 속인다고 생각했어요. 왕은 수학자 아르키메데스를 불러 왕관을 훼손하지 않고 세공사의 속임수를 알아내라고 했지요. 아르키메데스는 목욕을 하다가, 번뜩 이 문제를 풀 방법을 생각해 냈어요. 아르키메데스는 벌거벗은 채로 욕조를 뛰어나가며 '유레카'를 외쳤지요. 그리스어로 유레카는 '찾았다'라는 뜻이지요. 아르키메데스는 물에 의해 몸이 '들리는' 것을 보고 욕조 밖에서보다 물속에서 몸이 더 가볍다는 것을 알아냈어요. 이게 바로 '아르키메데스의 부력'이에요.

어떤 물체를 물에 넣으면 일정량의 물이 밀려나요.
이때 밀려난 물의 양이 물에 넣은 물체의 무게와 같아요. 그런데 물체의 부피만큼 물을 가득 채웠을 때보다 물체가 가벼우면 물체는 물에 떠요. 물이 물체를 밀어 올리기 때문이에요. 반대로 물체의 부피만큼의 물을 가득 채웠을 때보다 물체가 무거우면 가라앉는답니다. 즉 배에 물을 가득 채우면 배도 가라앉는다는 뜻이에요. 무게가 똑같은 구슬이더라도 유리로 속이 꽉 찬 구슬은 가라앉지만 속이 비어 있다면 물에 떠요.

금에 은이 섞인 왕관은 순금 왕관보다 덜 무거워요. 그러니 더 천천히 가라앉지요. 물을 가득 채운 수조에 은이 섞인 왕관과 순금 왕관을 각각 넣었을 때 넘친 물의 양도 달라요. 이렇게 아르키메데스는 세공사의 속임수를 알아냈답니다!

어떻게 배를 병에 넣을까요?

손톱만큼 작은 사람들이 병에 들어가 배를 만들었을까요? 아니면 배를 감싸는 유리병을 만드는 특별한 기계가 있는 건 아닐까요? 그럴 리가요! 세상에 그런 기계가 어디 있겠어요?

하지만 오래전부터 전해지는 기술이 있어요. 먼저 배를 넣을 투명한 병을 골라요. 그리고 병 주둥이의 지름, 병의 높이와 넓이를 재요. 그런 뒤 배를 만들어요. 배는 병의 크기에 맞게 설계해야 해요. 병보다 큰 배를 병에 넣을 수는 없으니까요.

배를 넣으랬지, 누가 선원을 넣으라고 했어?

가장 중요한 것은 배를 병에 넣기 전 돛대를 접는 거예요. 돛대에 끈을 묶어 병에 넣은 뒤 끈을 잡아당겨 돛대를 펴요. 돛대를 활짝 펼친 배는 실제보다 훨씬 커 보이지요.

19세기 초 유리병이 대량 생산됐어요. 예전에는 장인들이 하나하나 입으로 불어 힘들게 만들었는데, 이때부터는 기계로 수백 개를 단번에 찍어 냈지요. 유리병이 흔해지고 가격도 싸졌어요. 누구나 쉽게 살 수 있는 생활용품이 된 거예요.

긴 항해에 심심해진 선원들과 홀로 등대를 지키던 등대지기들은 재미있는 취미를 가지게 되었어요. 작은 배를 만들어 유리병에 집어넣는 거였죠. 유리병의 새로운 '쓰임'을 찾아낸 것이지요. 오늘날 전 세계에 수많은 '항해하는 병들'이 생겨난 이유랍니다.

어떻게 해저 터널을 뚫어요?

삽과 곡괭이로! 금방 지쳐 버리겠지요? 물속에 터널을 뚫는 곳은 바다나 강의 바닥보다 훨씬 아래쪽이어야 한다는 점만 빼면 산에 터널을 뚫는 방법과 크게 다르지 않아요.

터널을 뚫어야 하는 깊은 땅속은 단단한 돌덩어리로 이루어져 있어요. 이 돌을 깨어 가며 흙을 파내 길을 뚫으려면 거대한 두더지가 필요해요. 터널 뚫는 기계 말이에요. 초강력 모터에 연결된 거대한 머리 부분이 어떤 단단한 돌덩어리도 부수며 길을 뚫어요. 이 기계의 양쪽에 있는 거대한 운반차는 파낸 흙을 실어 나르지요. 혹시라도 터널이 무너지지 않게 사람들은 금속으로 된 칸막이를 쌓거나 콘크리트를 발라 튼튼한 벽을 만들어요. 이 기계는 하루에 80미터가량을 뚫을 수 있어요.

더 놀라운 건 몸무게가 100그램인 진짜 두더지예요. 두더지는 하루에 20미터까지 터널을 뚫는대요. 그렇게 작은 몸으로 정말 대단하지 않나요?

오늘날 세계에서 가장 큰 해저 터널은 영국과 프랑스 사이에 있는 도버 해협에 놓인 유로 터널이에요. 50킬로미터 길이의 이 터널을 시속 130킬로미터 속도로 달리는 기차를 타면, 프랑스 칼레에서 영국의 도버까지 30분이면 갈 수 있답니다.

| 몸이 궁금해 | 뇌가 궁금해 | 마음이 궁금해 | 어른이 궁금해 |

비행기는 어떻게 날아요?

태양에 닿을 듯 높이 날아오르고 푸른 하늘을 나는 일, 땅을 내려다보며 하늘을 누비는 일! 오랜 인류의 꿈이지요. 하지만 새처럼 날개를 다는 것만으로는 하늘을 날 수 없다는 걸 알기까지 오랜 시간이 걸렸답니다.

| 사회가 궁금해 | **발견이 궁금해** | 과학이 궁금해 | 철학이 궁금해 |

새가 나는 모습을 관찰하고 높은 곳에 올라가 떨어지기를 수없이 반복하면서 마침내 공기가 힘과 흐름을 가진 물질이라는 걸 알아냈지요. 그러자 '이륙'이 가능해졌어요. 그러면 날개는 어떤 역할을 할까요?

비행기 모터가 돌며 속도를 낼 때 공기는 날개에 부딪혀 위아래로 나뉘어요. 날개 위쪽은 공기를 위로 밀어 올리며 비행기 몸체를 누르던 기압을 약하게 만들어요. 날개 아래쪽에서는 반대 상황이 벌어지지요. 하늘 쪽으로 비행기를 밀어 올리는 압력이 세지고 그 힘을 받아 가볍게 기울어진 날개 아래로 공기가 지나가면서 비행기를 밀어 올려요.

이렇게 해서 비행기가 하늘 위로 날아오르지요. 그리고 날개 밑에서 받치고 있는 공기가 있어 고도를 유지할 수 있답니다.

| 몸이 궁금해 | 뇌가 궁금해 | 마음이 궁금해 | 어른이 궁금해 |

줄무늬 치약은 어떻게 만들어요?

빨강에 초록 줄무늬, 파랑에 하얀 줄무늬, 다양한 맛과 향이 첨가된 치약들이 진열대 위에서 '나 좀 사 줘요!' 하고 유혹해요. 그런데 보기 좋은 깔끔한 줄무늬는 도대체 어떻게 만든 걸까요? 게다가 다 쓸 때까지 줄무늬가 그대로 있다니 말이에요!

줄무늬 치약을 만드는 건 마술이 아니에요. 단순해 보이지만 머리를 좀 써야 해요. 먼저 줄무늬 치약의 색을 정하고, 색을 삽입할 도관을 치약 입구 쪽까지 깊숙이 넣어요. 그리고 입구를 아래로 한 뒤 튜브 끝부분으로 치약을 밀어 넣어요. 강한 압력으로 색깔 치약을 먼저 넣어 입구 쪽으로 자리를 잡게 한 다음, 하얀 치약이나 다른 색깔 치약을 넣는 거예요.

튜브를 짜면 하얀 치약이 색깔 치약을 밀며 입구의 구멍으로 나와요. 그러면 얇은 띠가 하얀 덩어리 위로 들러붙는 거랍니다. 그럼, 끝! 색이 서로 섞이지 않는 이유는 튜브에 동일한 압력이 가해지고 서로 섞이지 않는 색소를 쓰기 때문이에요.

정말 그런지 확인해 보고 싶다면, 튜브를 한번 길게 잘라 보세요. 깜짝 놀랄걸요!

지구가 둥글다는 건 어떻게 알았나요?

지구가 둥글다는 것을 알기까지 사람들은 별의별 모양의 지구를 다 상상했어요. 바다 위에 떠 있는 원반 모양이라거나 알, 배, 솔방울, 모래시계 모양 등 갖은 모양의 지구를 상상했지요.

일찍이 지구가 둥글다고 말한 고대 그리스 학자들이 있었지만 아무도 믿지 않았어요. 하지만 사람들은 곧 북쪽에서 남쪽으로 여행하는 동안 익숙한 별자리가 사라지고 전혀 새로운 별자리가 나타난다는 것을 알아차렸지요.

사람들은 정말 지구가 둥근지 확인하기 위해 지구를 한 바퀴 도는 여행을 계획했어요. 1519년 9월 20일, 스페인에서 마젤란* 탐험대가 출발했지요. 그리고 마침내 별의별 모양으로 상상했던

---

*마젤란(1480년경~1521년) : 포르투갈에서 태어났으며 스페인에서 활동한 항해가. 지구를 일주하는 항해를 지휘하다가 필리핀 제도에서 전사했다.

| 사회가 궁금해 | **발견이 궁금해** | 과학이 궁금해 | 철학이 궁금해 |

지구 모양에 대해 최종 결론에 이르게 돼요. 마젤란의 배가 스페인을 떠나 서쪽에서 동쪽으로 항해한 지 3년 만에 같은 장소로 되돌아온 거예요.

세계 일주 성공 이후 누구도 더 이상 지구가 둥글다는 사실을 반박하지 않았어요. 지구가 둥글다는 것이 밝혀지기 전까지 사람들은 자신들이 우주의 중심이라고 믿었어요. 그래서 편평한 지구를 가운데 두고 바다가 빙 둘러싸고 있다고 생각했지요. 지구 끝에 가면 절벽이 나온다고 믿었던 거예요. 그런데 지구를 한 바퀴 빙 돌아 제자리에 오니, 더 이상 지구가 편평하다고 주장할 수 없었어요. 뭐, 진실을 알기까지 상상은 자유이니까요!

과학이 궁금해

하늘은 왜 파래요?

시인들이 앞다투어 높고 아름다운 푸른 하늘을 노래하지만, 그들이 노래하는 푸른 하늘은 세상에 없어요. 하늘은 지구를 감싸고 있는 200킬로미터 두께의 유리막을 통해 본 깜깜한 우주의 모습일 뿐이거든요.

그런데 어떻게 파랗게 보이냐고요? 지구 대기권은 공기층으로 이루어져 있어요. 이 공기층은 목도리처럼 지구를 꽁꽁 감싼 채 태양 빛으로부터 지구를 보호해요. 이 두툼한 대기권을 뚫고 태양 빛이 들어올 때 파란빛이 대기와 충돌하면서 푸르른 빛깔로 보이는 거랍니다.

해가 지면서 붉은 노을이 지는 것은, 우리가 태양으로부터 멀어지고 있다는 뜻이에요. 태양이 지평선으로 낮아지면서 빛이 가장 넓게 대기권을 지나는데, 그때 빨간빛이 흡수되는 거예요.

우리가 보는 하늘이 사실은 대기 밖의 우주이더라도 우리는 신경 쓰지 말고 느긋하게 누워 꿈을 꾸기로 해요. 이래도 저래도 하늘은 아름다우니까요.

밤과 낮은 왜 생기나요?

실험 하나 해 볼까요? 어두운 방에 손전등과 공 하나를 가지고 들어갑니다. 손전등을 켜서 바닥에 놓고 그 앞에 공을 놓아 보세요. 그리고 공을 돌려 봅니다. 어때요? 전등 앞으로 지나가는 공 부분만 밝고, 반대편은 어둡지요?

낮과 밤도 마찬가지예요. 전등을 태양이라고 생각해 보세요. 단, 태양은 절대 불이 꺼지지 않는 거대한 스포트라이트 같답니다. 그 앞에 놓인 공이 지구인 셈이에요.

지구는 자기 스스로 회전해요. 시속 1600킬로미터의 속도로 서쪽에서 동쪽으로 하루 24시간 동안 한 바퀴를 돌지요. 그렇게 하루에 한 바퀴를 돌면서 태양을 바라볼 때를 낮이라 하고, 태양을 등져 어두울 때를 밤이라 부르는 거예요.

그러니까 밤과 낮이 생기는 이유는 태양이 뜨고 져서가 아니라, 지구가 무서운 속도로 자전을 하며 태양을 등지기도 했다가 마주 보기도 했다가 하느라 그런 거예요!

몸이 궁금해	뇌가 궁금해	마음이 궁금해	어른이 궁금해

지구 반대편에서는 물구나무서기를 하고 걷나요?

설마요! 모든 것은 상황에 따라 달라져요. 아주 높은 곳에서 봤을 때 지구는 바늘꽂이와 비슷해요. 사람들은 바늘꽂이의 가운데를 향해 꽂혀 있는 바늘처럼 발을 지구에 붙이고 있지요. 그러니까 지구 반대편에 있는 사람들도 발을 땅에 붙이고 서 있는 거예요.

바늘꽂이에 꽂힌 바늘처럼 모든 사람이 지구에 발을 붙이고 서 있을 수 있는 것은 중력 때문이에요. 지구 중심에 있는 거대한 핵이 지구 위의 모든 것을 자석처럼 끌어당기거든요. 이 중력은 몸이 크면 클수록, 키가 크면 클수록 더 큰 힘으로 끌어당겨요.

지구가 둥글기 때문에 지구 표면의 어느 곳에서든 중력은 똑같아요. 그래서 우리의 지리적 위치가 어떻든, 강이 산 위에서부터 흐르고, 위로 던진 공은 항상 땅으로 떨어진답니다.

또한 지구 주위로 달이 돌고 태양 주위를 지구와 여러 별이 도는 것도 중력 때문이지요. 지구의 당기는 힘이 달을, 태양의 당기는 힘이 지구와 여러 별을 원을 그리며 돌게 하는 거예요. 머리부터 바닥에 떨어지지 않는 한, 스스로 물구나무서기를 하지 않는 한, 지구 반대편의 누구도 거꾸로 걸어 다니지는 않는답니다.

| 몸이 궁금해 | 뇌가 궁금해 | 마음이 궁금해 | 어른이 궁금해 |

바람은 왜
보이지 않아요?

바람은 지역과 특성에 따라 여러 이름으로 불려요. 해풍, 육풍, 계절풍, 곡풍, 산풍, 국지풍, 돌풍, 태풍, 샛바람, 하늬바람, 마파람, 실바람, 남실바람, 산들바람, 건들바람, 흔들바람, 된바람, 센바람 등이 있어요.

옛날 사람들은 바람을 신의 입김이라고 생각했어요. 폭풍우나 태풍은 화가 머리끝까지 난 신의 입김이고, 시원한 미풍은 잠든 여신의 숨결이라고요. 16세기가 되어서야 바람이 사실은 공기의 흐름이라는 것을 알았지요. 갈릴레오, 파스칼, 토리첼리 같은 과학자들이 밝혀냈어요.

햇빛의 세기에 따라 공기는 따뜻해지거나 차가워져요. 바람은 더 무거운 찬 공기에서 더 가벼운 따뜻한 공기 쪽으로 불어요. 더운 공기와 찬 공기의 차이가 클수록 바람은 더 세게 불어요.

그러면 왜 바람은 보이지 않을까요? 바람에는 눈에 보이지 않을 정도로 대단히 작은 입자인 초미세 먼지와 무색무취의 가스가 섞여 있기 때문이에요. 바람에 물방울과 모래가 섞이면 그제야 바람이 부는 걸 볼 수 있어요. 대부분의 경우, 바람에 나뭇잎이나 가지가 흔들리거나 윙윙 소리를 내며 세차게 불어야 바람이 부는 걸 알 수 있지요.

몸이 궁금해 · 뇌가 궁금해 · 마음이 궁금해 · 어른이 궁금해

어떻게 지구에 생명체가 살게 됐나요?

46억 년 전 지구는 모든 것이 뒤섞인 채 불타는 거대한 돌덩이였어요.
이 거대한 돌덩이가 차갑게 식는 데만 수백만 년이 걸렸지요.
그 과정에서 지구 주위로 구름층이 만들어졌어요. 이게 바로
대기권이에요.

**대기권은 지구가 낮 동안 태양열에 불타거나 밤에 차갑게 얼어붙는
것을 막아 주지요.** 눈비가 내리고 바람이 부는 모든 기상 현상도
대기권 안에서 일어나요.

대기권이 생긴 뒤로 수십억 년 동안 비가 끊이지 않고 내렸어요.
그렇게 바다가 생겼고, 바다에는 박테리아*가 살기 시작했어요.
박테리아들의 호흡으로 산소층이 생겨났고, 바닷속에 수많은

---

*박테리아 : 생물체 가운데 가장 작고 가장 아래 등급에
속하는 미생물. 공 모양, 막대 모양 등 형태가 다양하고
단 하나의 세포로 이루어져 있다.

종류의 생물이 발생하면서 진화에 진화를 거듭했지요.

지구는 우리 태양계에서 물이 70퍼센트를 뒤덮고 있는 유일한 행성이에요. 천문학자들은 화성에서 물길의 흔적을 발견했고 천왕성에서는 얼음층을 발견했어요. 하지만 생명체가 살 수 있을 정도로 충분하지는 않았답니다. 혹시 알아요? 아주 먼 우주에서 새로운 생명체가 우리를 만나러 올지 말이에요.

별이 별 모양이 아니라고요?

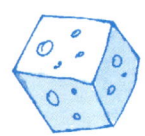

별은 우리가 알고 있는 그 별 모양이 아니에요. 우주에 별이 얼마나 많은데 어딘가에 별 모양, 주사위 모양, 피라미드 모양이나 도넛 모양의 별이 있지 않을까요? 하지만 별은 둥근 공 모양이에요.

우주 공간에서는 모든 것이 중력의 영향을 받아요. 서로를 끌어당기는 힘이 있다는 말이에요. 그래서 끌어당기는 힘이 큰 태양 주변을 끌어당기는 힘이 작은 행성들이 일정한 거리를 두고 둥글게 원을 그리며 돈답니다.

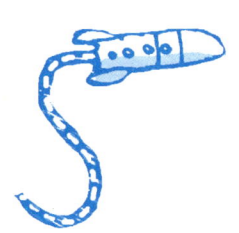

둥근 공 모양은 중심으로부터 모든 부분에 일정한 힘이 미칠 수 있는 모양이에요.
만약 별이나 행성 들이 주사위 모양이거나 별 모양이라면 중심에서 모서리까지 힘이 충분히 미치지 못하지요.

결국 몸체는 점점 둥근 모양으로 바뀌게 되지요. 사람들이 어떤 것을 자세히 보기 위해 원 모양으로 둘러서는 것과 비슷한 원리랍니다.

| 몸이 궁금해 | 뇌가 궁금해 | 마음이 궁금해 | 어른이 궁금해 |

밤하늘의 별은
왜 빛나요?

별에 관한 수없이 많은 이야기들이 있어요. 아주 옛날에 신들이 하늘에 별을 영원히 뽑히지 않는 핀으로 꽂아 놓았다는 둥, 별들은 비가 내리는 구멍이라는 둥 말이에요. 사람들은 아주 오래전부터 별을 신비롭게 여기고 궁금해했지요.

이제는 별이 태양처럼 은하수에 있는 수천억 개의 별들 가운데 하나로 수백, 수천, 수만 혹은 수억 년을 살다가 죽는다는 걸 알지요.

별은 불타는 거대한 가스 덩어리예요. 별의 온도는 제각각 다르지만 1만 도 이상으로 아주 뜨거운 별도 있어요. 가스 덩어리 별이 내뿜는 빛 에너지도 어마어마해요. 그 어마어마한 에너지 덕분에 까마득하게 멀리 떨어져 있는 지구에서도 별들이 반짝이는 것을 볼 수 있답니다. 대기 속을 떠도는 아주 뜨거운 공기 덩어리가 별 앞을 지나갈 때에는 잠깐 어두워지면서 별이 깜박거리는 것처럼 보이기도 해요.

천문학자들에 따르면 별의 밝기는 2가지로 나뉘어요.
하나는 별이 뜬 밤에 우리가 맨눈으로 보는 밝기예요. 겉보기 광도라고 하지요. 이 밝기는 어디에서 보느냐에 따라 달라져요. 다른 하나는 별의 진짜 밝기예요. 이 광도는 우리가 지구 어디에 있든 바뀌지 않는답니다.

비는 왜 내려요?

우리나라에는 비가 올 징조에 대해 알려 주는 몇 가지 표현이 있어요. '제비가 낮게 날면 비가 온다.', '청개구리가 요란스럽게 울면 비가 온다.' 등 자연 현상과 관련된 것들이지요. 하지만 그 누구도 두 시간 뒤에 비가 올지, 우박이 쏟아질지 장담할 수 없어요.

그런데 비는 왜 오는 걸까요? 지구를 감싸고 있는 공기는 추운 데서 따뜻한 데로 움직여요. 따뜻해진 공기는 가벼워져서 위로 올라가고, 차가워진 공기는 무거워져서 아래로 내려가요. 바다와 강, 호수의 물도 햇빛을 받아 증발하면 수증기라고 불리는 작은 물방울이 되어 따뜻한 공기와 함께 위로 올라가요.

위로 올라간 공기가 차가워져서 무거워지면 땅으로 다시 내려오게 돼요. 이때 안개가 끼고 이슬이 맺히지요. 또, 따뜻한 공기와 함께 높이 올라갔던 물방울들이 모여서 구름을 이루기도 해요. 구름 속

물방울들이 무거워지고 커지면 빗방울이 되어 땅으로 쏟아져 내리지요. 이렇게 쏟아지는 물방울을 '비'라고 해요.

비가 내리는 과정은 이렇듯 설명이 단순해요. 하지만 날씨의 변화는 정말 예측할 수 없어요. 바람이 어디로 불지 알 수 없지요. 공기의 차가운 경계와 따뜻한 경계가 언제 어떻게 부딪혀 번개를 일으킬지 알기 어려워요. 최첨단 컴퓨터로 무장한 기상학자라 해도 날씨 변화를 정확하게 예측하기는 정말 어렵답니다.

| 몸이 궁금해 | 뇌가 궁금해 | 마음이 궁금해 | 어른이 궁금해 |

천둥소리는 왜 나요?

하늘나라 아기 천사들이 친구들과 구슬치기하는 소리가 아니냐고요?
아니면, 구름끼리 전쟁을 벌이는 소리냐고요? 아쉽게도 아니랍니다. 그랬으면 진짜 좋았을 텐데요. 훨씬 재미있잖아요. 화가 잔뜩 난 것처럼 하늘이 우르릉거리며 울어 대는 건, 날씨의 변화 중 하나예요.

몹시 더운 날, 덥고 습한 공기가 차고 건조한 공기를 만나면 구름이 생겨요. 이 구름 속에서 물방울들은 소용돌이치며 위로 올라가지요. 그렇게 높이 올라가면서 기온이 떨어지면 물방울들이 얼어붙어요. 얼음 알갱이들은 무거워져서 아래로 떨어지지요.

무거워진 얼음 알갱이들은 아래로 내려오다 다시 물방울이 되고, 물방울은 다시 위로 올라가지요. 이렇게 수증기가 물에서 얼음으로, 얼음에서 물로 수차례 변하는 사이 마찰이 생기고, 이때 빛과 열이 발생해요. 이게 바로 번개예요!

번쩍! 번개가 칠 때 생기는 폭발음이 바로 천둥소리예요. 빛의 속도가 소리의 속도보다 1000배는 더 빠르기 때문에 우리는 천둥소리를 듣기 전에 번개를 먼저 본답니다.

놀랍죠? 이 과정을 거쳐 지구에서는 하루에도 4만 4천여 번 천둥이 친답니다.

| 몸이 궁금해 | 뇌가 궁금해 | 마음이 궁금해 | 어른이 궁금해 |

무지개는
왜 생기나요?

옛날 사람들은 무지개를 신들이 사는 하늘로 올라가는 다리라고 믿었어요. 오늘날에는 유치원생들도 무지개가 비 온 뒤 하늘이 갤 때 생긴다는 걸 다 알지요.

언뜻 보면 햇빛은 투명해 보여요. 색깔이 없는 것처럼 말이에요. 하지만 그건 모르는 소리예요. 투명한 빛은 세상에 존재하지 않거든요.

우리 눈에 투명하게 보이는 햇빛은 사실 빨강, 주황, 노랑, 초록, 파랑, 남색, 보라색 빛들이 섞여 만들어진 거예요. 세상의 모든 색만큼 많은 빛깔이 하나로 어우러져 투명하게 보이는 것이랍니다.

그걸 어떻게 아냐고요? 빛이 물방울을 통과할 때 산산이 부서지면서 원래의 색을 내놓거든요. 이것을 '빛의 산란'이라고 해요. 다시 말해, 둥근 물방울을 통과하며

혹은 먼지에 의해서 빛이 산란 현상을 일으켜 일곱 빛깔의 색띠를 이룬다는 것이지요. 이 띠가 바로 '무지개'랍니다.

그러면 무지개도 물방울처럼 둥근 모양이냐고요? 맞아요. 무지개는 원래 둥근 띠 모양이에요. 우리는 보통 그 절반만 보는 거예요. 제대로 다 보려면 비행기를 타고 하늘 위로 높이 올라가야 하지요. 아주 가끔 무지개가 생기는 위치에 따라 둥근 무지개를 볼 수도 있답니다.

| 몸이 궁금해 | 뇌가 궁금해 | 마음이 궁금해 | 어른이 궁금해 |

지진이 일어나는 곳이 따로 있나요?

지구는 생각만큼 단단하지 않아요. 지구는 군데군데 잘 깨지기도 하고, 겉은 움직이고 속은 물컹물컹해서 돌고 돌기까지 하거든요. 그러면서 지구의 겉껍질을 들썩이게 해요.

지구를 감싸고 있는 가장 바깥층은 흙과 돌덩이, 조개껍데기 화석 같은 것들로 이뤄져 있어요. 그 아래로 뜨거운 열에 녹아 있는 액체 상태의 돌덩이가 아주 천천히 움직이고 있어요. 이 액체 상태의 돌덩이를 '마그마'라고 불러요. 지진은 바로 이 층과 겉껍질 사이에서 시작돼요.

이 소용돌이 공간은 마그마 위로 떠다니는 20여 개의 조각으로 나뉘어 있어요. 이 조각을 '판'이라고 부르지요. 각각의 판은 1년에 2센티미터에서 5센티미터가량 움직여요. 그러는 과정에 여러 판이 서로 붙기도 하고 떨어지기도 해요. 혹은 다른 판 위로 미끄러져 올라가기도 하고 아래로 밀려 들어가기도 하지요. 이때 크게 충돌이 일어나면서 판이 부서지기도 하고 위치가 틀어지기도 해요. 이런 움직임 때문에 땅이 크게 흔들리고 갈라지지요. 땅속에서 일어난 충격이 바깥층까지 올라와 땅을 뒤흔들어 놓는 거예요.

두 개의 판이 서로 만나는 공간을 단층이라고 해요. 단층이 있는 곳에서 지진이 주로 발생해요. 그래서 단층과 판의 위치만을 표시한 지도가 따로 있어요. 이런 곳이 지진 위험 지역인 셈이지요. 대표적인 지진대로는 지진 위험 국가인 일본을 포함하는 환태평양 지진대가 있어요.

| 몸이 궁금해 | 뇌가 궁금해 | 마음이 궁금해 | 어른이 궁금해 |

식물도 말을 하나요?

아뇨! 식물은 말이 아니라 '노래'를 해요. 들어 본 적 없나요? 저 깊숙한 산골짜기, 계곡을 지나 여름 바람에 실려 오는 식물의 노랫소리 말이에요. 조금 진지하게 생각해 볼까요? 어떻게 식물이 대화를 나눈다는 걸 알 수 있을까요?

과학자 입장에서 보면 결코 식물이 대화를 나눈다고 할 수 없을 거예요. 정보를 나누기 위해 화학 물질을 내뿜는 것뿐이지요. 예를 들어, "조심해! 닥치는 대로 먹어 치우는 놈이 나타났어!" 하고 동물에게 먹히며 한 식물이 화학 물질을 뿜으면 순식간에 주변 식물이 그 신호를 받아요. 신호를 받은 식물은 곧바로 동물의 식욕을 떨어뜨리는 물질을 분비하지요. 배가 몹시 고파 허겁지겁 식물을 먹어 치우던 동물은 한순간에 입맛을 잃어요.

동물이 먹어 치우는 것을 멈추면, 식물들은 다시 한 번 더 화학 물질을 분비해 안전하다는 것을 알려요. 식물도 살아 숨 쉬는 생명체인 거예요. 인간이 종종 그 사실을 잊을 뿐이지요.

식물은 인간이 없어도 잘 살 거예요. 하지만 인간은 식물 없이는 이 지구에서 살 수 없어요. 작은 풀꽃 하나도 소중한 존재랍니다.

| 몸이 궁금해 | 뇌가 궁금해 | 마음이 궁금해 | 어른이 궁금해 |

꽃들은 왜
향기가 좋은가요?

꽃은 꽃씨를 만들기 위해 짝을 찾아 돌아다닐 수 없어요. 다리가 없고 땅에 뿌리내리고 사니까요. 꽃송이 안에 암술과 수술이 같이 있더라도 누가 옮겨 주지 않으면 스스로 꽃씨를 만들기 어렵답니다.

암꽃과 수꽃이 따로 있는 경우도 마찬가지예요. 씨앗을 만들려면 같은 종의 꽃가루끼리 만나야 해요. 그래서 바람이나 곤충의 도움을 꼭 받아야 하지요.

눈에 잘 띄지 않는 소심한 꽃들은 바람에게 꽃가루를 퍼뜨려 달라고 부탁해요. 이런 꽃들은 바람이 짝을 지어 준다고 해서 바람 '풍' 자를 써서 '풍매화'라고 하지요. 곤충에게 꽃가루를 퍼뜨려 달라고 부탁하는 꽃들도 있어요. 이런 꽃들은 벌레 '충' 자를 써서 '충매화'라고 불러요. 이 꽃들은 언뜻 보기에도 굉장히 화려해요. 화려한

색과 매혹적인 향으로 곤충의 관심을 끌어야 하니까요. 더구나 꽃가루는 굉장히 끈적거려서 꿀을 맛보러 온 곤충들 몸에 찰싹 달라붙지요. 곤충들은 저희가 꽃들을 짝지어 주는 줄도 모르고 이 꽃에서 저 꽃으로 날아다니며 꽃가루를 퍼뜨려요.

곤충만 꽃향기에 반하는 게 아니에요. 수천 년 동안 인류 또한 꽃향기에 반해 향수를 만들어 몸에 뿌리고 다녔거든요. 다른 사람들이나 신들의 마음을 사로잡기 위해서 말이죠!

어떻게 사막에서 식물이 살아요?

사막에 사는 식물은 그야말로 식물계 챔피언 감이지요. 낮에는 탈 듯 뜨겁고, 밤은 얼어붙도록 추우며, 소금기가 많고 양분은 거의 없는 땅에서 사니 말이에요.

사막에 사는 식물은 크게 한해살이, 여러해살이, 다육 식물로 나뉘어요. 이들은 각자의 방식으로 혹독한 사막 환경에 적응해 살아가지요.

사막에 사는 한해살이 식물은 인내심이 아주 많아요. 싹을 틔우기까지 땅속에서 꼬박 3년을 기다리기도 하지요. 싹을 틔우기 위해 필요한 비가 내릴 때를 기다리는 거예요. 왜 이런 식물을 '잠자는 식물'이라고 부르는지 알겠지요? 한해살이라고는 하지만 이 식물은 꽃을 피우는 몇 주 동안만 산답니다.

여러해살이 식물은 땅속 깊이 뿌리를 내리고 사방으로 뻗어 나가요. 뿌리에서 새순이 자라나 번식한답니다. 뿌리를 깊고도 넓게 펼치니, 모든 것을 날려 버리는 모래 폭풍에도 끄떡없지요. 그렇게 여러 해를 살며 해마다 꽃을 피울 수 있어요.

다육 식물은 줄기나 잎에 많은 물을 담고 있는 식물이에요. 비가 한 방울이라도 오면 바로 저장해 두지요. 사막에서 흔히 보는 선인장이 다육 식물의 하나예요. 사막에 소나기가 쏟아질 때 선인장은 줄기에 물을 저장해 놓아요. 그리고 몇 달의 긴긴 가뭄을 견디는 거예요. 그대로 커다란 물통인 셈이지요.

| 몸이 궁금해 | 뇌가 궁금해 | 마음이 궁금해 | 어른이 궁금해 |

반딧불이는 어떻게 빛을 내요?

깜깜한 밤길을 나서려면, 어떤 불이라도 필요해요. 전등이나 랜턴, 아니면 핸드폰 손전등이라도요.

그런데 이 불빛 분야에 사람보다 오랜 역사를 가진 전문가 벌레가 있어요. 바로 반딧불이예요. 반딧불이는 배 부분에 발광 기관이 있는 반딧불잇과의 벌레예요.

한여름 밤, 특히 사랑의 계절인 짝짓기 철이 되면 반딧불이는 발광 기관에서 '루시페린'이라는 물질을 만들어 내요. 이 물질은 산소와 만나면 빛을 낸답니다. 암컷 반딧불이는 날 수 없어서 한곳을 맴돌면서 가끔 불빛을 반짝여 자신의 위치를 수컷 반딧불이에게 알려요. 이렇게 해서 암컷 반딧불이와 수컷 반딧불이는 어둠 속에서도 서로를 찾을 수 있는 거예요.

남아시아에 사는 반딧불이들은 나무에 수천 마리가 보여
'오케스트라 지휘자'의 리듬에 맞춰 빛의 합창을 하기도 한대요.
그 모습이 마치 크리스마스트리 같다고 해요.

| 몸이 궁금해 | 뇌가 궁금해 | 마음이 궁금해 | 어른이 궁금해 |

어른들에게는 머릿니가 없나요?

설마요! 이는 어른과 아이를 가리지 않아요. 더럽고 잘 씻지 않는 사람이라면 그게 누구든 이 작은 침략자의 안식처가 될 수 있어요. 이는 따뜻한 피부와 적절한 습기, 먹을거리가 충분한 머리카락 사이를 특히 좋아해요.

여행도 좋아하지요. 그래서 이 사람 머리에서 다른 사람 머리로 옮겨 간답니다. 이는 점프를 하거나 날 수는 없지만 아주 빨라요. 기회만 있으면 친구나 친척, 가족의 머리로 옮겨 가지요. 모자나 베개에 붙어서 새로운 머리가 나타날 때를 끈질기게 기다려요.

암컷 이는 대략 2달 정도 살면서 하루에 10개가량 알을 낳아요. 서캐라고 불리는 이의 알은 다 자라는 데 일주일밖에 안 걸려요. 그냥 두면 이는 순식간에 머리를 뒤덮어 버리지요. 하지만 직접적으로 질병을 일으키거나 하지는 않아요. 피를 빨기 위해 깨물어서 가렵기는 하지만요. 아무래도 없애야겠지요?

이를 없애려고 민간요법에 따라 특정 식물을 달인 물로 머리를 감거나 알코올이나 휘발유를 뿌리기도 해요. 이렇게 위험한 방법 말고도 이 전용 샴푸를 이용할 수도 있어요. 하지만 어느 경우나 두피를 자극해요.

가장 좋은 방법은 예방이에요. 학교에서 이가 유행하면, 바로 부모님에게 알리고 상의해요. 머리를 살펴보면 금방 알 수 있어요. 이가 특히 좋아하는 목뒤라든가 귀 뒤를 살펴보고, 자주 쓰는 모자와 목도리를 확인해요. 모자와 목도리는 절대 친구 것을 쓰면 안 돼요. 그리고 이럴 때에는 말뚝박기 놀이를 해서는 안 되겠죠?

| 몸이 궁금해 | 뇌가 궁금해 | 마음이 궁금해 | 어른이 궁금해 |

왜 거미를 무서워할까요?

허공을 가르며 털투성이 다리 여덟 개를 가진 거미가 갑자기 눈앞에 나타난다면요? 자는 동안 독거미에 물린다면요? 상상만 해도 무섭고 끔찍해서 벌벌 떨리지요. 그래요. 거미는 반갑지 않은 손님이 분명해요. 하지만 거미에 대해 제대로 알고 나면 애완동물로 기를 수도 있을지 몰라요.

거미는 벌레나 갑각류*를 먹는 육식 동물이에요. 하지만 모기처럼 사람이나 동물의 피를 빨아 먹지는 않아요. 물론 거미에게는 독이 있는 샘이 있고 갈고리가 있어서 먹이를 물어 꼼짝 못하게 하고 죽이기도 하지요.

*갑각류 : 물속에서 생활하는 척추가 없는 동물. 게, 가재, 새우 같은 동물이 이에 해당된다.

하지만 겁먹지 말아요. 거미 크기로 봤을 때 독이라고 해 봐야 개미 코딱지만큼 적어요. 아주 먼 나라에 산다는 몇몇 독거미를 빼고는 거미에 물렸다고 죽는 것은 아니에요.

그래도 무섭다고요? 자고 있는 동안에 거미에 물릴까 봐요? 한번 생각해 보세요. 사람이 거미 먹이도 아니고 자느라 공격도 못하는데 거미가 왜 우리를 공격하겠어요? 그런 일이 생긴다면 우연일 뿐이에요. 거미가 자는 어린아이의 종아리를 노릴 이유가 없다는 말이에요. 뭐, 길을 막고 있는 종아리에 잠시 올라갈 수는 있겠지만요.

| 몸이 궁금해 | 뇌가 궁금해 | 마음이 궁금해 | 어른이 궁금해 |

새들은 어떻게 높은 하늘에서 땅 위의 사냥감을 볼 수 있나요?

'저기 위험하고 먹을 수도 없는 두 다리 뚱뚱보 짐승이 있어!'
새들이 하늘에서 사람을 내려다보며 이렇게 말하지는 않을까요? 진짜 그럴까요? 우리가 망원경으로 보는 것처럼 높은 하늘에서도 새들이 정확하게 땅 위의 사물들을 본다면요?

새들이 높은 하늘에서 땅 위 사냥감을 내려다보는 것은 식은 죽 먹기처럼 쉽대요. 새는 사람보다 8배나 많은 시각 세포를 가지고 있어서 훨씬 잘 볼 수 있어요. 어떤 새는 360도를 다 볼 수 있어요. 그러니까 뒤통수에서 벌어지는 일까지 본다는 뜻이에요.

색깔 구별 능력도 사람에 비해 훨씬 뛰어나요. 새들은 사람이 식별할 수 없는 자외선까지 인식할 수 있답니다.

거리를 가늠하는 능력도 뛰어나서 장애물도 잘 피해요. 길잡이 새의 경우는 훨씬 더 빨리 위험에 대처할 수 있어요.

놀라운 시력을 가진 새들에게 약점은 없을까요? 있어요! 새들은 모두 파란색을 두려워해요! 우리의 약한 시력을 생각하면 조금 위로가 되지 않나요?

수탉은 어떻게 매일 같은 시간에 울죠?

앞마당 암탉에게 잘 보이려고 수탉은 새벽부터 울어요. 다행히도 사람들이 일어나야 할 시간에 울지요. 그렇다고 수탉에게 자명종이 되어 달라고 하지는 마세요.

에디슨이 전구를 발명하기 전, 사람들은 날이 밝는 것을 감각적으로 알았어요. 동물처럼 태양에 따라 아침 기상 시간을 조절했지요. 그러니까 태양이 뜨면 일어나고, 태양이 지면 잠이 들었어요. 그때 '암탉과 함께 잠들고, 수탉이 울면 일어난다.'라는 표현이 생겨났다고 해요.

수탉은 누구보다 먼저 지붕으로 올라가 세상에서 제일 멋지게 노래해요. 수탉의 영역을 넘보는 사람이 있다면, 주의하세요. 수탉은 이른 새벽,

여명이 밝아 올 때 잠에서 깬답니다. 어찌 보면 쉬운 일이죠. 수탉이 자명종처럼 기상 시간을 알려 주는 일 말이에요.

물론 수탉이 어떤 소리에 놀라 불현듯 깰 수도 있고 불면증으로 잠을 못 이룰 수도 있어요. 그러면 한밤중에 깨서 울어 댈 수 있어요. 뜻밖의 시간에 울어 대는 수탉 때문에, 농부들은 닭 울음소리보다는 자명종을 더 믿게 되었어요. 일이 그렇게 된 건, 할 수 없죠!

| 몸이 궁금해 | 뇌가 궁금해 | 마음이 궁금해 | 어른이 궁금해 |

철새는 어떻게 길을 찾나요?

봄이면 강남 갔던 제비가 돌아와 둥지를 틀고 새끼를 낳아요.
그런데 제비들이 지난해 자신이 틀었던 둥지를 어김없이 다시 찾아온다는 걸 알고 있나요? 사촌 집도 아니고, 친구 집도 아니고, 어김없이 자기 집으로 말이에요.

알려진 9천여 종의 새 가운데 절반 정도가 계절이 바뀔 때마다 이동을 해요. 새들의 이동은 아주 오래전부터 지속해 온 일이에요. 조류학자들은 철새들이 먼 여행을 하기 시작한 시기가 마지막 빙하기 때부터였다고 추정해요. 지금으로부터 1만 5천 년 전 지구의 북반구는 빙하기를 맞아 온통 얼음으로 뒤덮였어요. 혹독한 추위에서 살아남기 위해 많은 생물들이 적도 부근까지 이동했지요.

기후가 따뜻해지면서 북반구를 뒤덮었던 얼음이 녹았어요. 적도로 이동한 새들 중 일부는 원래 자신들이 살았던 곳으로 돌아갔어요. 그렇게 철새들의 이동이 시작되었다고 해요.

하지만 조류학자조차도 철새들이 어떻게 그 먼 길을 찾아가는지 제대로 설명하지 못해요. 다만 길을 찾아가는 데 태양과 별의 위치를 비롯한 많은 요소를 활용한다는 것만 짐작할 뿐이에요.

철새들은 고향을 찾아가기 위해 자신이 이동하는 경로를 영상을 찍듯 시각적으로 기억했다가 재생한다고 해요. 그래서 산과 평야, 강과 바다의 모양 같은 풍경을 이정표로 삼는 거예요. 냄새의 기억도 길을 찾는 데 영향을 주지요. 또, 철새의 몸 안에 지구에서 나오는 다양한 기운을 감지하는 감각 기능이 나침반 역할을 하기도 하고요. 하지만 검은딱새가 어떻게 해마다 어김없이 왕복 3만 4천 킬로미터 거리의 알래스카와 남아프리카 사이를 여행하는지는 여전히 의문이랍니다.

| 몸이 궁금해 | 뇌가 궁금해 | 마음이 궁금해 | 어른이 궁금해 |

개와 고양이는 서로 친구가 될 수 없나요?

옛이야기에나 나오는 이야기일까요? 개와 고양이가 서로 미워하는 사이라는 것은 사람들이 지어낸 이야기일까요? 실제로는 별다른 문제가 없는데 말이에요.

개와 고양이는 둘 다 사냥꾼이에요. 하지만 사냥하는 방법이 달라요. 고양이는 사냥할 생쥐나 새가 가까이 다가올 때까지 숨죽이고 기다려요. 하지만 개는 땅에 코를 박고 킁킁거리며 사냥감을 잡을 때까지 숨도 쉬지 않고 쫓아가요.

사실 야생에서라면 서로 싸울 일이 없어요. 각자 사냥하는 영역이 다르고 사냥감도 다르니까요. 하지만 반려동물로 농장이나 집에 함께 살다 보니 문제가 생기는 것이지요. 먹기 위해 사냥을 하지 않고 주인을 위해 사냥을 하게 됐거든요. 그러다 보니 달아나는 고양이를 재미 삼아 개가 쫓아 달리는 일이 벌어지는 거예요.

하지만 이렇게 사람이 끼어들지 않는다면 대개 고양이와 개는 사이좋게 잘 지낼 수 있다고 해요.

산과 언덕 속에는 무엇이 있나요?

언덕에는 땅을 파헤쳐 지하 통로를 열심히 만드는 장난꾸러기 악동, 두더지들이 있어요. 잠깐! 생각 좀 해 볼까요? 산은 높고 뾰족한데, 언덕은 왜 봉긋할까요? 왜 이런 차이가 생기는지 땅을 연구하는 지질학자들에게 물어볼까요?

땅이 솟아올라 지금의 모습이 되기까지 7억 년이 걸렸어요. 산맥, 고원, 산, 평야 같은 것들이 그 긴 세월 동안 만들어졌지요.

사실 지구가 모습을 갖춰 가는 과정에서 아주 높은 산들이 생겨났어요. 그 산들을 이루는 암반들은 수백만 년 동안 바람과 비와 추위에 닳고 닳아 지금의 모습이 되었지요. 그러니까 쪼그라들었다고도 볼 수 있겠네요.

어떤 땅은 높이 솟아 1천 미터가 넘는 산이 되고, 어떤 땅은 200미터 남짓의 평평한 언덕을 이루기도 해요. 땅이 튀어나온 정도는 정해져 있지 않아요. 수백만 년에 걸쳐 보이지 않게 서서히 솟아오르거나 꺼지기도 했죠. 그러니 땅속 지하 통로를 만드는 작은 악동들이 문제가 아니지요. 땅속에서나 땅 밖에서나 문제는 산이나 언덕을 이루는 암반이랍니다!

고래가 노래를 부른다고요?

다른 동물들과 마찬가지로 고래도 고래만의 방법으로 대화를 해요. 고래는 꼬리지느러미를 흔들기도 하고, 수면 위를 박차고 뛰어오르기도 하며, 요란스런 소리를 내며 잠수하기도 해요. 또, 휘파람과 노래도 불러요.

암컷과 수컷 고래 모두 의사소통을 위해 소리를 내는데, 노래는 수컷만 할 수 있어요. 수컷은 암컷에게 애정을 고백하거나 겨울이 가까워 모두 모이라고 할 때 특별한 노래를 불러요.

어떤 고래는 머리를 아래로 하고 물구나무서기를 한 듯한 자세로 무려 15분이나 숨도 쉬지 않고 노래를 해요. 암컷에게 사랑을 고백하는 것인데 못 할 일이 있겠어요? 수컷 고래가 부른 노래는 물속에서 파장을 일으키며 퍼져 나가 9킬로미터나 떨어져 있는 암컷에게까지 들려요.

수컷 고래는 지난해에 불렀던 노래를 거의 그대로 다시 불러요.
아주 약간씩만 바꿔서 부르지요. 그러다 보니 5년 정도는 지나야
수컷 고래의 노래가 새로워진답니다. 고래들의 콘서트는
몇 시간이고 며칠이고 계속되기도 해요. 이렇게 노력을 하니,
콧대 높은 암컷 고래들 마음도 사로잡을 수 있겠지요?

물고기도
잠을 자나요?

그러게요? 헤엄치다 피곤해진 물고기는 어떻게 할까요? 해초를 덮고 눕나요? 바위에 누워 자나요? 조개 속으로 쏙 들어가 자나요? 자, 알아봅시다.

그런데 정말 물고기들이 잠을 잘까요? 아니면, 자는 척을 하는 걸까요? 사람들은 흔히 물고기들이 커다란 눈을 뜨고 항상 우리를 보고 있다고 생각해요. 그럴 수밖에 없지요! 물고기는 눈꺼풀이 없어서 눈을 감을 수 없으니까요. 물고기 눈에는 잠수 마스크 같은 투명한 베일이 있어요. 이 베일이 눈꺼풀 역할을 한답니다.

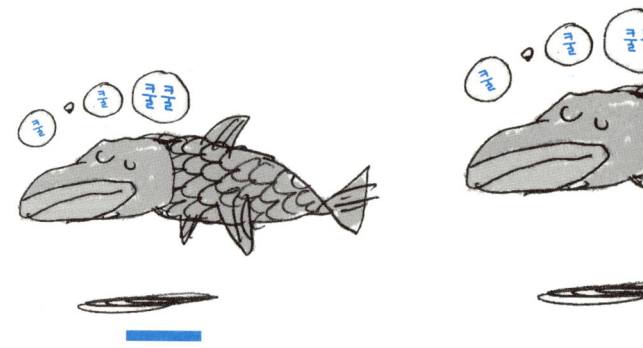

물고기도 잠을 자요. 물속에서 거의 움직이지 않는다면, 물결에 몸을 맡기고 살짝 잠이 든 걸 거예요. 물론 자는 모습은 물고기마다 달라요. 붕어나 잉어는 바위나 수초에 몸을 숨기고 자고, 가자미는 모래 속에 들어가서 자요. 고등어나 참치는 헤엄을 치는 중에 몰래몰래 잔답니다. 그러니 물고기들이 자는 걸 방해하면 안 되겠죠?

왜 동물마다
수명이 달라요?

하루살이 유충은 호수에서 짧게는 1년, 길게는 3년을 살아요.
그렇게 긴 시간을 보내고 성충이 되어서는 고작 하루 남짓 살아
하루살이라고 부르지만, 종에 따라 일주일까지 살아 내는 녀석들도
있다고 해요.

세상에서 가장 오래 산 거북은 192살로, 1965년에 죽었어요.
기록에 따르면, 쿡* 선장이 1773년 통가 왕국에 이 거북을
선물했다고 해요. 나이는 그 기록을 바탕으로 추정한 것이지요.

**과학자들에 따르면, 사람은 자연 상태에서 최대 120살까지
살 수 있다고 해요.** 거북, 코끼리와 함께 지구 상에서 가장
오래 사는 동물인 셈이지요. 그런데 왜 거북은 오래 살고,
개구리나 햄스터는 10년도 채 못 살까요?

*쿡 : 제임스 쿡(1728~1779년)은 영국의
탐험가이며 항해가.

모든 동물은 '노화 프로그램'을 갖고 태어나요. 세포의 숫자와 재생, 소멸까지도 이 프로그램에 의해 정해지지요. 하지만 수없이 많은 이유로 타고난 수명을 다하지 못하고 죽기도 해요. 의학이 발달하고, 생활 환경이 개선되고, 삶의 질이 높아지면서 인간의 기대 수명은 점차 높아지고 있어요. 최근 100년간 늘어난 기대 수명이 그전 5천 년 동안 늘어난 기대 수명보다 깁니다. 하지만 이 기대 수명은 우리가 흔히 말하는 '선진국'에만 해당돼요. 인구의 10퍼센트 이상이 에이즈라는 질병에 감염되어 죽는 남아프리카의 몇몇 지역에서는 기대 수명이 지난 25년간 도리어 16년이나 줄어들었답니다.

수의사는 동물이 아픈 걸 어떻게 알지요?

동화가 아니고서야 양이나 사자가 하는 말을 알아들을 수 없어요. 동물들이 사람들처럼 목이 아프다, 다리를 삐었다고 말할 수도 없지요. 아니면, 수의사가 동물 언어 전문가일까요?

그렇지 않아요. 수의사들은 동물의 건강 상태에 관해 오래 공부하며 지식을 쌓았어요. 그래서 동물이 병에 걸리면 어떤 증상을 보이는지 알기 때문에 말하지 않아도 병을 알아낼 수 있어요.

발에 돌이 박혔다거나 다리를 저는 것처럼 겉으로 드러나는 병은 진단하기가 쉬워요. 하지만 대부분은 좀 더 복합적인 원인에 의해 병에 걸리고 아프답니다. 그래서 수의사들은 동물들의 병을 더 정밀하게 알아내려고 끊임없이 연구해요.

| 사회가 궁금해 | 발견이 궁금해 | **과학이 궁금해** | 철학이 궁금해 |

수의사는 보통 주인에게 동물의 평소 습관에 대해서, 또 왜 갑자기 그런 증상을 보이는지에 대해 물어봐요. 전처럼 똑같이 잘 먹나요? 불안해하나요? 공격적인가요? 구석에서 축 처져 있었나요?

수의사들은 이렇게 '증세'를 확인해 병의 원인을 찾아내요.
엑스레이라든가 초음파 같은 정교한 기술을 이용해 병에 관한 단서를 얻기도 하지요. 이게 바로 말할 수 없는 동물 친구들의 병을 수의사가 척척 알아내 치료할 수 있는 비결이에요.

철학이 궁금해

| 몸이 궁금해 | 뇌가 궁금해 | 마음이 궁금해 | 어른이 궁금해 |

동화는 어떻게 생겨났나요?

과학적 지식이 없었던 때, 사람들은 무서웠어요. 왜 벼락이 치고, 돌풍이 불고, 거대한 태양이 순식간에 사라지고, 밤이 되고 낮이 되는지 알 수 없었거든요. 그럴 때 재미있는 상상을 하면 조금 덜 무섭지 않았겠어요? 뜨거운 용암이 솟구쳐 오르는 것을 보고 땅속 거인이 트림을 한다고 믿거나, 거인이 이 섬 저 섬으로 뛰어다니는 바람에 땅이 흔들리며 지진이 일어난다고 믿으면 조금 안심이 되는 거예요.

게다가 사람들은 지루했어요. 날마다 똑같은 일상에서 벗어나 특별한 일이 일어나길 꿈꿨지요. 환상적이고 재미있고 어마어마한 일들, 현실에서 일어나기 힘든 일들 말이에요. 힘이 약한 사람이 힘이 센 괴물을 물리치고, 가난한 사람이 하루아침에 부자가 되는 일 같은 거요!

이런 이야기에서는 어떤 일도 가능했어요. 구박을 받으며 집안일을 도맡아 하던 재투성이 소녀 신데렐라가 멋진 왕자님과 결혼을 하기도 하죠. 가난한 집에서 굶다 못해 버려진 엄지동자가 식인종과 싸워 이기고 가족은 엄청난 부자가 되기도 해요. 이렇게 상상 속 이야기는 현실과는 달리 약자가 강자를 이기고 가난하고, 불쌍한 사람들이 행복해지지요.

이 때문에 세계 어느 나라의 동화를 살펴봐도 문화에 따라 약간의 차이만 있을 뿐 주제는 다 비슷해요. 사람들이 원하는 이야기이기 때문이에요!

동화 속 이야기는 다 거짓인가요?

마차로 변하는 호박, 휘두르면 없던 것이 나타나고 변하는 요술 지팡이, 백마 탄 왕자님, 이 모든 것이 꾸며 낸 이야기라고요? 아이들을 재우기 위해 만들어 낸 이야기라고요?

맞아요! 가여운 공주를 보고 눈물을 흘려 봐야, 영웅이 멋지게 싸우는 장면에서 두 주먹을 불끈 쥐어 봐야, 조마조마한 마음으로 해적선에 올라 봐야, 지구를 외계 괴물로부터 구해 봐야 아무 소용이 없답니다. 모두 작가의 상상으로 '만들어진' 이야기이니까요.

상상 속 이야기는 진짜가 아니에요. 보고 만지고 느낄 수 없고, 과거에도 현재에도 존재하지 않아요. 이것을 '허구'라고 해요. 그 말은 동화 속 인물들은 숨을 쉬며 살아 있는, 혹은 살았던 인물이 아니라는 거예요. 어떤 이야기도 사실이 아니에요. 게다가 현실에서 결코 일어날 수 없는 일도 많지요.

상상해 보세요. 이야기 속 괴물이나 공주와 왕자, 마녀와 영웅이 살아나 우리 곁을 지나다닌다면요? 감히 아무 상상이나 할 수 있을까요? 정말 그런 일이 일어나길 바라나요?

그러니까 이야기 속 요정이 숲속이나 길거리에서 툭 튀어나와 우리에게 말을 걸지 않는다고 너무 속상해하지 말기로 해요.

어떻게 뾰족한
못 위를 걷나요?

뜨거운 숯불 위를 맨발로 걷고, 칼로 몸을 찌르고, 뾰족한 못이 박힌 판자 위에서 잠을 자는 사람들이 있어요. 어떻게 이럴 수가 있죠? 보통 사람들도 할 수 있나요? 아니면, 아주 특별한 사람이어서 고통을 못 느끼는 걸까요? 마술처럼 사람 눈을 속이는 걸까요?

도덕적으로 완전한 사람이 되려고 일부러 힘든 생활을 하는 사람들이 있어요. 이들을 고행자라고 부르지요. 고행자들은 먹는 것부터 입는 것, 자는 것 등 아주 절제된 생활을 하며 몸과 정신을 단련해요. 고행자들은 기도와 명상을 통해 고통을 넘어서고 물질적 삶에서 자유로워질 수 있다고 믿지요. 마침내는 신과 같은 상태에 이른다고 믿어요. 하지만 어떤 고행자들은 어렵게 육체적 훈련을 해 놓고 그 재주를 구경거리로 삼아 사람들의 눈을 현혹해 돈을 벌기도 해요.

착각이든 눈속임이든 도대체 어떻게 사람이 뜨거운 숯불 위를 맨발로 걷는지, 알고 싶지 않나요? 이것은 사실 초능력이 아니고 과학적으로 설명 가능한 전도율이라는 물리 법칙에 따른 현상이에요. 대략 살펴보면 열전도율이 낮은 나무 숯불 위를 빠르게 건너 발이 불에 닿는 시간을 최소한으로 하는 거예요. 모든 요소들이 완벽하게 조절이 되면 발에 전달되는 열의 양이 적어 화상을 입지 않는답니다.

그럼에도 이러한 일을 해내기 위해서는 공포심을 이겨 내야 해요. 정신적인 힘으로나 초인적인 힘으로, 또는 과학적으로 안전하다고 생각하더라도 불 위를 걷거나 날카로운 못 위에 누워 자려면 대단한 용기가 필요한 건 사실이지요.

| 몸이 궁금해 | 뇌가 궁금해 | 마음이 궁금해 | 어른이 궁금해 |

세상에 왜 이토록 많은 신이 있나요?

고대 그리스 사람들은 신들의 신, 제우스를 믿었어요. 로마인들은 신과 인간의 주인, 유피테르를 믿었고요. 이집트에는 열두 명의 위대한 신이 있었어요. 오늘날 지구에 살고 있는 사람들 중 80퍼센트가 넘는 사람들이 종교를 가지고 있지만, 그들이 기도하며 부르는 이름은 서로 다르답니다.

어떤 이는 단 하나의 신을, 어떤 이는 여러 신을 믿어요. 어떤 이에게 선한 신이 다른 이에게는 고약한 신이기도 하지요. 왜 사람들은 서로 다른 신을 믿을까요? 신이 실제로 어떤지, 아무도 모르기 때문이에요. 그래서 모두 각자의 믿음대로 생각을 표현하는 거지요. 그러니 세상 사람 모두가 같은 신을 믿는 건 불가능해요.

유대교, 기독교, 이슬람교 사람들은 하느님이 인간과 세상을 창조했다고 믿어요. 힌두교 사람들이 믿는 위대한 세 신은 브라흐마, 시바, 비슈누예요. 또, 같은 신을 믿어도 종교에 따라 기도드리는 법이 다를 수 있어요.

어떤 신을 믿느냐에 따라 종교가 달라지고, 종교마다 각각의 다른 의식이 있어요. 종교 지도자들은 언제 어디서 어떻게 기도할지를 가르치고, 무엇을 먹어야 하고 무엇을 먹지 말아야 하는지, 신에게 예의를 갖추려면 어떻게 입어야 하는지를 알려 주어요.

어떤 신을 믿을지 선택하는 데에는 자신이 속해 있는 나라의 문화 영향을 받기도 해요. 그래서 아시아에는 기독교도가 많지 않고, 서양에는 힌두교도가 많지 않아요.

신을 꼭 믿어야 하나요?

신을 믿어야 한다면 어떻게 믿어야 하나요? 어떤 믿음이 좋은 믿음인가요? 신을 제대로 믿고 있는지 어떻게 알죠? 이 질문들에 답하기에 앞서 신을 믿는다는 게 무엇인지를 생각해 봐야 해요.

사람들은 산타클로스나 유령, 외계인이 실제로 있다고 믿어요. 그래서 산타클로스가 커다란 양말에 선물을 넣어 주기를 기대하며 잠이 들고, 지하실에서 유령을 볼까 봐 겁에 질리기도 하고, 외계인을 만날 기대로 눈을 반짝이기도 하지요.

신을 믿는 건 이런 것들과는 조금 달라요. 신에 대한 이야기를 무턱대고 믿고 받아들이라는 게 아니에요. 신을 믿는다는 건, 이성과 지성을 총동원해 진실을 먼저 찾아야 한다는 뜻이에요. 다시 말해 우리를 둘러싸고 있는 세상으로부터 출발해 신이 있는지, 신에 대한 이야기가 사실인지를 알기 위해 노력해야 한다는 뜻이에요.

왜 이런 노력을 해야 하냐고요? 종교에 대해 연구하는 어떤 신학자들은 신을 믿는다는 것이 삶에 대한 확고한 믿음, 우리를 성장하게 하는 열정에 대한 믿음이라고 말해요. 또 다른 신학자들은 인간이 신의 형상을 하고 있기 때문에 인간을 믿는 일이라고도 하지요. 신을 믿는다는 건 모두에게 스스로의 신앙에 맞게 행동하기를 요구하는 거랍니다.

| 몸이 궁금해 | 뇌가 궁금해 | 마음이 궁금해 | 어른이 궁금해 |

정말 신이 인간을 창조했나요?

인간은 어떻게 생겨났을까요? 우리는 부모님으로부터 태어났지요. 그럼 그 부모님은? 부모님의 부모님은? 그렇게 계속 따져 거슬러 가 봐야 소용없어요. 다시 '최초의 사람은 어떻게 생겨났나?' 하는 문제에 부딪히니까요.

사람들은 다른 생명체들이 지구에 어떻게 생겨났는지를 알아내면 '어떻게 첫 번째 사람이 나타났는지' 알 수 있다고 생각했어요. 그리고 오늘날 우리는 마침내 첫 번째 사람이 어느 날 갑자기 만들어진 게 아니라는 것을 알게 됐지요. 하나의 세포에서 어류, 양서류, 파충류, 조류와 포유류로 발전되는 과정 뒤에 손과 발이 있는 척추동물인 영장류가 나오고, 그중에 첫 번째 사람이 있다는 걸 말이에요.

어떻게 한 종이 다른 종으로 바뀌는 걸까요? 과학자들은 답을 찾으려고 부단히 노력했어요. 하지만 과학자들이 알고 있는 지식으로는 '신이 인간을 창조했는지 아닌지'에 대해 아직 대답할 수 없어요.

과학자들은 '신이 인간을 창조했다.' 라고 말하는 여러 신화와 종교가 틀렸다는 것을 밝히고 싶은 게 아니에요. 그들은 단지 인간이 어떻게 세상에 생겨났는지가 진심으로 궁금할 뿐이에요.

종교학자와 철학자, 과학자가 알고 싶어하는 것이 각각 달라요. 과학자들은 인간이 '어떻게 존재하게 되었는지'가 궁금했고, 종교학자와 철학자는 인간이 '왜 존재하며, 어떤 존재인지'가 궁금했던 거예요. 그래서 성경을 기록한 사람들이 존재하는 모든 것이 '신의 뜻으로 창조'되었다고 믿는 역사를 그대로 성경에 기록한 것이랍니다.

왜 기도를
하는 걸까요?

기도는 우리가 경험하지 못한 다른 세계로 보내는 편지예요.
신에게, 신적인 존재에게, 조상에게, 초자연적인 힘을 가진 어떤 것에 기도를 할 수 있어요.

종교에 따라 특별한 동작, 특별한 옷, 성스러운 장소, 성스러운 의식으로 기도를 해요. 절, 성당, 탑, 유대교 회당과 사원 모두 사람들이 모여 기도하는 장소들이에요. 달력에 날짜를 정해 놓고 매일 일정한 시간에 기도를 하기도 하지요.

혼자 하든 여럿이 하든 기도에는 목적과 의도가 있어요. 모두가 기도를 하며 응답받기를 바라지요. 기도를 하는 사람들은 자신이 간절하게 기도한 일이 이루어지기를 바란답니다.

기도를 하는 목적은 다 달라요. 어떤 사람은 행복을 위해, 어떤 사람은 불행한 일이 일어나지 않게 기도해요. 어떤 사람은 시험을 잘 보게 해 달라고, 어떤 사람은 합격하게 해 달라고 기도해요. 어떤 이는 병을 낫게 해 달라고, 어떤 이는 돈을 많이 벌어 부자가 되게 해 달라고, 어떤 이는 나쁜 사람으로부터 스스로를 지킬 힘을 달라고 기도하지요. 하지만 기도는 대개 현재와는 다르게 살기를 바라는 마음을 담아서 신과 대화를 나누는 거랍니다.

| 몸이 궁금해 | 뇌가 궁금해 | 마음이 궁금해 | 어른이 궁금해 |

사람들은 왜 미신을 믿어요?

프랑스 사람들은 절대 사다리 밑으로 지나가지 않아요. 페인트 통이나 알 수 없는 게 떨어질까 봐 그러는 건 아니에요. 사다리 밑으로 지나가면 불행한 일이 생긴다고 믿기 때문이에요.

사다리와 벽, 바닥이 이루는 삼각형에는 세 개의 꼭짓점이 있어요. 프랑스 사람들은 숫자 3을 성스럽게 여겨요. '3'은 '파괴할 수 없는 완벽함'을 뜻해요. 그러니까 사다리 밑으로 지나가면서 그 완벽함을 깨는 것을 꺼리는 것이지요. 많은 사람들은 이것을 미신으로 여기지만요. 미신은 라틴어 '수페르스티티오(superstitio)'에서 유래했는데, 강력한 믿음을 뜻한답니다.

검은 고양이를 봤다거나, 식탁에 앉은 사람이 13명이라든가, 소금 통을 엎는다든가 하면 재수가 없다고 여기지요. 반대로 네잎클로버를 발견하거나, 꿈에 돼지를 보면 행운이 찾아온다며 복권을 사기도 해요. 13일의 금요일에 로또를 사면 행운이 온다고 믿는답니다. 어떤 행동이나 특정한 색, 동물, 날짜, 물건들이 행운을 가져오거나 불행한 일을 가져와 운명을 바꿀 수 있다고 믿는 거예요. 그런 것들에 놀라운 힘이 있다고 생각하는 것인데, 직접 경험해 보면 알겠죠?

죽는다는 게 뭐예요?

모든 생명체는 태어나면서부터 늙기 시작해요. 그러다 결국 죽음에 이릅니다. 살아 있는 것은 모두 죽는 것이지요. 과학자들이 아무리 세포 노화를 늦추고 질병을 치료해도 '죽음'만은 막을 수 없어요. 그렇다면 죽는다는 것은 무엇일까요? 왜 모두 죽는 걸까요?

| 사회가 궁금해 | 발견이 궁금해 | 과학이 궁금해 | **철학이 궁금해** |

만약 지난 수천 년 동안 태어났던 모든 사람이 죽지 않고 그대로 살았다면 어떻게 되었을까요? 지구는 사람들로 뒤덮여 발 디딜 틈도 없을 거예요. 하지만 지구가 좁아서 사람이 죽는 것은 아닐 거예요. 뭔가 다른 이유가 있을 거예요.

아무도 모든 생명체가 결국에는 죽는 이유를 알지 못해요. 하지만 죽음을 이해하고 받아들이려고 노력하지요.

여러 문화권과 다양한 종교들에 따르면, 죽음으로 모든 것이 끝나는 게 아니라고 해요. 몸은 죽지만 영혼은 사라지지 않는다고요. 힌두교에서는 영혼이 늙은 몸을 버리고 새 몸을 얻어 다시 태어나는 '환생'을 거듭한다고 말해요. 아프리카 사람들은 죽은 사람들이 현 세계와 저세상을 연결해 준다고 믿었어요. 어떤 종교에서는 죽음이 다른 세계로 가는 과정일 뿐이라고 말해요. 신적인 세계, 즉 신이 있는 세계로 들어가는 문이라고 말이에요.

죽은 다음에는 어떻게 되나요?

사람들은 모르는 것, 이해할 수 없는 일이 생기는 걸 두려워했어요. 죽음도 그중 하나이지요. 사람들은 죽음 뒤에는 무엇이 있는지 궁금했어요.

누군가는 죽으면 몸은 썩지만, 썩거나 분해되지 않고 남아 있는 것이 있으니, 그것을 '영혼'이라고 했어요. 누군가는 그것을 '정신'이라고 불렀지요. 그렇다면 그 영혼은 죽은 뒤 어떻게 될까요? 몸을 빌려 다시 태어날까요? 영혼끼리는 소통이 가능할까요? 영혼은 살아 있는 사람에게, 세상에 어떤 영향을 미칠 수 있을까요?

사람들은 죽은 사람들의 영혼이 따로 모이는 곳이 있다고 믿었어요. 누군가는 그곳이 땅속에 있다고 믿었고, 누군가는 하늘에 있다고 말했지요. 그렇게 한데 모여 있다가 가끔 살아 있는 사람들에게 찾아와 자신의 존재를 알린다는 거예요.

아프리카 사람들은 죽은 사람들이 산 사람과 함께 어울려 산다고 믿었어요. 죽은 사람들은 산 사람을 보호하지만 자신들을 잊으면 해를 입히기도 한다고 생각했어요. 인도 사람들은 완벽에 이를 때까지 다른 인간이나 동물 혹은 식물의 모습으로 끝없이 다시 태어난다고 믿었어요.

불교, 유대교, 기독교, 이슬람교, 힌두교는 물론 정령 숭배자들까지도 죽는다고 삶이 끝나는 게 아니라고 이야기해요. 삶은 아름다운 신에게 이르기 위한 통과 의례일 뿐이며, 새 삶으로 가는 여행이라고요. 하지만 누구도 죽었다가 살아 돌아온 사람이 없기에, 확실한 건 아무도 모른답니다.

죽으면 하늘로 가나요?

낮에는 태양이, 밤에는 달이 뜨고, 천둥과 번개가 번뜩이며, 평화로운 밤에는 여행자에게 길을 안내하는 별이 있는 하늘!
사람들은 하늘에 신들이 산다고 믿었어요.

어떤 사람들은 하늘을 아버지, 땅을 어머니로 여기기도 했어요.
우리 조상들은 하늘이 머리 위로 떨어지지는 않을까 두려워했고, 땅속에는 죄를 지은 나쁜 사람들과 악마가 득시글하다고 믿었지요.

기독교에서는 사람이 죽으면 몸은 땅에 묻히고 영혼은 하늘나라에 간다고 믿어요. 몸은 죽어도 영혼은 신과 만난다는 것을 상징적으로 말한 것이지요.

신에 대한 존중으로 신의 이름을 함부로 부르지 못하는 어떤 종교에서는 신에 대해 말하기 위해 하늘이라는 단어를 사용하기도 해요. '하늘로 간다.'는 표현은 요즘도 흔히 써요. 하지만 일단 땅속에 묻히면 그 누구도 하늘이라는 나라에서는 살지 못한답니다.

사랑하는 사람이 죽었는데 어떻게 살아요?

사람은 누구나 죽어요. 하지만 사랑하는 사람의 죽음은 견디기 힘들지요. 얼마나 괴로운지 당장 따라 죽고 싶은 마음일 거예요. 하루도 더는 살 수 없을 것처럼 슬퍼요.

지금이 아니라도 우리가 사랑하는 사람들은 언젠가 생을 마감해요. 그래도 사랑하는 이들은 여전히 우리 가족 속에, 우리의 삶 속에, 우리가 존재하는, 존재할 곳에 함께 있어요. 누구도 삶이 언제 끝날지 알지 못해요. 그리고 죽은 뒤 무슨 일이 생기는지도 모르지요. 누구도 죽어 본 사람이 없기 때문이에요.

죽어 본 사람이 죽음에 대해 말해 줄 수 있다면 죽음은 더 이상 두렵지 않을 거예요. 하지만 죽음에 대한 두려움은 살아 있는

사람들과 함께 극복할 수 있어요. 아직 살아야 할 인생이 있으니까요. 서로 만나 마음을 나누고 사랑하고 또 내일을 준비해야죠.

사랑하는 사람을 잃었다고 슬퍼하며 그를 따라 죽겠다는 생각 대신 그를 위해 더 열심히 살기로 해요.

왜 아이들은 장례식에 못 가게 하나요?

고모할머니가 돌아가셨는데 아이들만 빼고 모두 장례식장에 갔어요. 왜 어린아이는 장례식에 못 가게 할까요? 장례식이 무서운 건가요?

사람은 누구나 죽음을 두려워해요. 누구도 죽음은 피할 수 없잖아요? 죽어서 먼지로 사라진다는 건 상상만으로도 무섭고 두렵지요. 그 두려움을 이겨 내려고 거의 모든 문명에서는 의식을 치렀어요. 이집트 사람들은 '사자의 서'라는 죽음에 관한 책도 만들었어요. 저승에서 벌어지는 일에 대해 쓴 이 책은 성직자들이 읽었지요. 티베트 사람들은 죽은 이의 영혼이 힘을 내도록 격려하기 위해 태운 음식을 담은 접시를 문지방에 놓아두었어요.

| 사회가 궁금해 | 발견이 궁금해 | 과학이 궁금해 | **철학이 궁금해** |

사랑하고 아끼던 누군가가 목숨을 잃었다면 그 슬픔을 나누기 위해 모두 모이는 건 당연한 일이에요. 하지만 이런 자리에는 아이를 잘 데려가지 않아요. 아이들에게 누군가가 죽었다는 것을 어떻게 이해시켜야 할지 몰라서, 아이들의 슬픔을 어떻게 달래야 할지 몰라서 마음이 불편하기 때문이에요. 그런 일이 생기기 전에, 죽음에 관해 미리 이야기해 보면 어떨까요? 결국엔 누구나 죽음에 이르고 죽음은 '전염되는 것'이 아니라는 것, 자신은 물론 사랑하는 사람들에게 언제라도 일어날 수 있는 일이라는 것을 이해하도록 충분히 이야기하는 게 중요해요.

부모님이 죽음에 대해 알아듣도록 충분히 설명해 주지 못할 수 있어요. 하지만 죽음에 대해 다 알지 못하더라도 부모님과 이야기를 나눈 것만으로 마음이 풀리지 않나요? 온 가족이 함께하는 장례식에 아이도 함께해야 한다는 걸 부모님도 이해했을 테니까요. 이렇게 해서 아이들도 죽음을 이해하고 소중한 경험을 하게 되겠지요?

| 몸이 궁금해 | 뇌가 궁금해 | 마음이 궁금해 | 어른이 궁금해 |

결혼은 왜 하는 건가요?

사랑하는 사람과 결혼하든, 조건에 맞춰 결혼하든, 부모님의 강요로 결혼하든, 혹은 결혼식만 올리고 결혼 생활을 하지 않든 법적으로 부부가 되는 것이 모두에게 같은 의미는 아니에요. 종교, 사회, 문화, 전통이 복잡하게 얽혀 있어요.

로마 시대 이전에 그리고 우리나라의 선조들도 마음에 드는 여자가 있으면 납치해 아내로 삼는 풍습이 있었어요. 결혼이라는 제도가 생기면서 이 나쁜 관습은 없어졌어요. 그때부터 가족들 간에 보이지 않는 계약이 생겼어요. 가축이나 돈, 혹은 안전을 담보로 혼인을 허락했지요. 그 당시 여자들은 부족이나 가족의

| 사회가 궁금해 | 발견이 궁금해 | 과학이 궁금해 | **철학이 궁금해** |

재산과 다를 바 없었어요. 그래서 자신의 의지와 상관없이 아버지나 형제가 시키는 대로 모르는 사람과 결혼을 해야 했지요.

예를 들면, 프랑스 왕과 스페인 공주의 결혼에는 정치적인 이유가 담겨 있어요. 또는 한 상인 가족이 다른 상인 가족과 결혼으로 동맹을 맺는 것에는 경제적인 이유가 있지요. 사랑해서 하는 결혼이오? 가난하고 미천한 신분의 여자들만이 자신이 원하는 남자를 선택해 결혼할 수 있었지요.

오늘날에는 내가 원하는 사람과 결혼할 수 있어요. 결혼은 어떤 사람에게는 둘의 사랑을 모두에게 인정받는 방법이지요. 어떤 사람에게는 사랑하는 사람을 법적으로 지키는 방법이고, 신 앞에서 맺는 거룩한 약속이기도 해요.

하지만 아직도 아시아, 아프리카, 라틴 아메리카 등지의 여러 나라에서는 불행히도 여자가 남자의 소유물, 가족의 소유물로 여겨져, 강요된 결혼을 받아들여야 해요. 살아남아야 하는 여자들에게 자유로운 사랑은 사치인 셈이지요.

| 몸이 궁금해 | 뇌가 궁금해 | 마음이 궁금해 | 어른이 궁금해 |

우리가 행복한지 어떻게 알아요?

2 곱하기 2가 4인 것처럼 우리가 행복한지 어떻게 알까요? 사실 정확하게 알 수 없어요. 행복은 잴 수 없거든요. 측정기가 있는 것도 아니고요. 행복은 개인이 느끼는 감정이에요. 다른 사람들과 잘 지내는 것이나 자연과 하나가 되어 어우러져 사는 것처럼요. 섬세하게, 아주 섬세하게 느끼는 감정이에요.

사랑에 빠지거나 부자이거나 권력을 가지거나 스타이거나 건강이 아주 좋아야 행복한 걸까요? 하루아침에 사랑했던 사람과 헤어지고, 재산과 권력을 잃고, 인기가 사그라지고, 병이 들 수도 있잖아요.

지혜로운 사람들이 말하기를, 각자의 행복에 책임을 질 때 비로소 행복을 얻을 수 있대요. 헛된 욕심을 버려야 행복이 찾아온다고요. 그래야 '영혼의 편안함'에 이를 수 있대요. 이 상태가 행복

| 사회가 궁금해 | 발견이 궁금해 | 과학이 궁금해 | **철학이 궁금해** |

아닐까요? 또, 다른 사람들을 행복하게 만들어야 자신도 행복할 수 있대요. 내 주변 사람들이 고통받고 있는데 어떻게 내가 행복할 수 있겠어요?

'어떻게 하면 행복할까?'에 대한 많은 연구와 이론이 있지만 어떤 것이 진정한 행복을 찾는 비법인지는 알 수 없어요. 행복해지기 위해 방법만 좇다 보면 행복을 놓칠 수도 있지 않을까요?

영원하다는 게 무엇인가요?

영원은 끝없이 늘어나는 뱀의 꼬리 같은 거예요. 어디를 봐도 모두 끝이 있고 경계가 있는데, 영원이라니요? 상상이 되나요?

우리 집은 이층집이에요. 정원은 커다란 떡갈나무에서 시작해 이웃집 담장까지 이어져요. 집에서 학교까지 가는 데는 5분밖에 안 걸려요.

이렇듯 한계가 있는데 저 하늘 위는 어떤가요? 지구 밖 '우리 은하'* 너머에는 무엇이 있나요? 우리 은하를 넘어 다른 은하와의 거리는 얼마나 되나요? 우주는 어디에서 끝나나요?

*우리 은하 : 태양계가 속해 있는 별들의 무리. 2천억 개가 넘는 별들로, 나선형 팔을 가진 막대 모양, 또는 원반 모양의 은하.

몇백 년에 걸쳐 과학자들이 더욱 더 멀리 볼 수 있는 망원경을 발명했지만 소용없었어요.
어떻게 해도 우주의 끝을 확인할 수 없었거든요. 우주 공간이 어찌나 큰지, 한계가 있는지 없는지조차 알 수 없어요. 그래서 사람들은 한계가 없는 것을 영원이라고 부르기로 했답니다.

머지않아 누군가 우주 공간이 어디서 시작해서 어디서 끝나는지 알아낼지도 몰라요.
그때는 세상에 영원이란 없다고 말할 수 있겠지요? 하지만 지금은 뭐, 기다릴 수밖에요. 무한한 거리를, 무한한 시간을요!

성공한다는 것이 무엇인가요?

부모님이나 선생님들은 공부를 잘하면 성공할 수 있다고 말해요. 학교에서 공부로 1등을 하면 사회에 나가서도 1등 인생을 살 수 있다고 믿는 것이지요. 그래서 공부를 잘하는 것이 성공의 조건처럼 보이기도 해요.

어른들은 열심히 공부해서 좋은 대학에 가고 자격증을 종류별로 따면 성공이라고 말해요. 높은 연봉에 고급 승용차를 타고 통장에 잔고가 많으면 성공했다고 해요.

하지만 이런 것들이 진짜 성공일까요? 남들이 인정하지만 나는 인정하지 못한다면요? 그러면 내가 세운 목표를 이루며 사는 것은 성공일까요?

도대체 성공이 뭘까요? 성공은 개인이 느끼는 감정이에요. 살고 싶은 삶을 향해 조화롭게 살아가는 힘을 주는 감정이지요. 성공한

삶을 살았다고 말할 때, 다른 사람과 어떤 관계를 맺었는지, 실수나 실패를 얼마나 잘 극복했는지, 남자나 여자로서 어떤 경험을 했는지 등을 따져 보아야 해요. 이런 과정에서 얻은 지식이나 확신, 경험이 얼마나 풍부한지에 따라 성공에 대한 판단을 내릴 수 있어요.

인생을 성공적으로 살기 위해서는 '시간'이 필요해요. 예를 들면 인도의 정치적, 정신적 지도자인 간디는 죽을 때까지 인종 차별, 종교 차별, 폭력에 맞서 싸웠어요. 삶은 힘겨웠지만 간디는 그 모든 싸움을 성공적으로 이끌었기에 성공한 인생을 살았다고 말한답니다.

몸이 궁금해 | 뇌가 궁금해 | 마음이 궁금해 | 어른이 궁금해

내가 살고 있는 세상이 진짜인지 어떻게 알아요?

지금 이 순간 일어나는 모든 일이 꿈이 아닐까요? 만약 내가 이상한 나라의 앨리스나 피노키오 같은, 어떤 작가나 상상력 풍부한 누군가의 꿈속 인물이라면요? 실제로 존재하지 않는 세상에 살면서 이것이 현실이라고 믿는 것일지도 모른다고 생각한 적 없나요?

종종 어떤 꿈들은 너무도 생생하지요. 꿈에서 본 얼굴, 사건, 촉감이며 냄새까지 실제로 있었던 일처럼 여겨져요.

중국의 현인, 장자는 이렇게 말했어요. "꿈에서 나비가 되었다. 깨어 생각하니 나비가 진짜 내가 아닌가 싶었다. 진실은 나비가 장자의 삶을 꿈꾸는 게 아닐까?" 이렇게 쉽게 꿈과 현실을 혼동할 수 있을까요?

자라면서 아이의 뇌도 성장해요.
뇌는 조금씩 현실과 꿈을 구별하지요. 그리고 성인이 되면 더 이상은 꿈과 상상을 현실과 혼동하지 않고 분별할 수 있게 되어요.

게다가 꿈은 고유한 세계를 가지고 있어요. 이 꿈과 저 꿈은, 전혀 다른 두 장르의 영화처럼 다른 세계를 펼쳐 보입니다. 반면에 현실에서는 항상 같은 세상, 같은 도시, 같은 사람들이 있어요. 그 규칙은 변하지 않지요. 꿈에서는 상상이 그대로 펼쳐지지만, 현실에서는 '항상 같은' 현실이 기다리지요.

꼭 내 생각을
말해야만 하나요?

내 생각이 틀렸다고 하면 어떻게 해요? 바보 같은 소리라거나 쓸데없는 소리라고 화를 내면요? 엉뚱한 말을 하거나 더듬거려서 사람들이 비웃거나 화를 내면 어쩌나 걱정하다가 입을 꾹 닫고 아무 말도 하지 않는 경우가 있어요.

하지만 옳지 않은 일, 잘못된 일을 보고도 침묵할 건가요? 누군가의 비난에 맞설 용기를 내야 해요. 내 의견을 밝히는 건 아주 중요한 일이랍니다.

내 생각을 잘 전달하기 위해서는 먼저 자신의 생각에 확신이 있어야 해요. 그러려면 말을 하기 전에 생각을 깊이 해서 정리해야 합니다. 그런 다음 조용히, 공격적이지 않게, 단순하지만 설득력 있는 두세 가지 논거를 들어 의견을 말해요.

어려운 단어, 비장한 문장을 쓰지 않아도 돼요. 목소리를 높이고 책상을 내리치지 않아도 돼요. 무대 위에서 연극을 하려는 게 아니라, 내 생각을 다른 사람들에게 전하려는 거니까요.

하지만 모든 사람의 생각이 내 생각과 같을 수는 없어요. 그러니 다른 사람의 의견과 비판을 귀 기울여 듣는 법도 함께 배워야 해요. 내 의견이 타당하고 근거가 있다면, 끝까지 내 생각을 밀고 나갈 힘도 있어야 해요.

한 가지만 잊지 마세요. 말은 놀라운 힘이 있어요. 때로는 날카로운 무기가 되어 다른 사람에게 씻지 못할 상처를 주기도 해요. 그러니 충분히 생각하고 말이 미칠 영향을 미리 생각해 보아요. 내 생각을 말하려고 다른 사람의 생각을 함부로 짓밟아서는 안 되겠지요? 다른 의견을 존중하기 위해, 내 언어를 신중하게 사용해야 한다는 말이에요!

모두 한 가지 언어로만 말하면 안 되나요?

언어학자들은 언어를 '일반어'와 '구체어'로 구분해요. 일반어란 말소리나 몸짓처럼 인간이 소통을 위해 이용하는 모든 표현 수단을 말해요. 구체어란 한 공동체 안의 고유한 언어 체계를 말해요. 한국어, 중국어, 베르베르어, 에스키모어 등 각 나라와 종족의 언어가 이에 해당돼요.

우리는 모두 다른 공동체에 속해 있고 각각의 공동체가 사용하는 언어로 말해요. 하지만 어떤 언어들은 서로 꽤나 닮아서 뜻과 소리가 똑같을 때도 있어요. 언어의 뿌리가 같은 거예요.

구체어는 서로 만나 접촉하면서 섞이고 변해요. 예를 들어 프랑스어와 이탈리아어, 스페인어, 산스크리트어 등의 언어는 인도·유럽어에 속해요. 세계에는 이런 언어 그룹이 백여 개나 있답니다.

일반어와 달리 구체어는 배우고 익혀야 해요. 다른 나라 사람들과 이야기를 하려면 그 나라 언어를 알아야 해요. 전 세계 사람들이 하나의 언어를 쓰자며 세계 공통어를 만들었지만 사람들은 모국어를 두고 이 언어를 쓰려 하지 않았지요. 다만 국제적 교류가 이루어지는 곳에서는 흔히 영어를 쓰고 있어요. 그래서 한국에서는 국어를 배우고 나면 필수 외국어로 영어를 배우는 것이지요.
말은 음성으로 표현되는 언어예요. 원하는 바를 상대에게 표현하기 위한 수단이지요. 누구도 나의 말을 '완벽하게' 대신할 수 없어요. 사람들은 누구나, 어떤 언어로 말하든지 말할 권리가 있답니다.

| 몸이 궁금해 | 뇌가 궁금해 | 마음이 궁금해 | 어른이 궁금해 |

미래를
알 수 있나요?

우주로 여행을 가고, 무인 자동차가 도시를 달려도 사람들은 여전히 옛날 사람들이 그랬던 것처럼 자신의 미래를 궁금해해요. 자신의 행복과 불행, 앞으로 앓게 될 질병, 죽음의 순간, 사랑에 대해서 말이에요.

오래전부터 점성가들은 미래의 비밀을 알아내기 위해 별과 바위, 조개와 바람, 새, 하늘에게 묻기도 했어요. 4천여 년 전 중국의 예언가들은 황제에게 닥칠 일을 예언하기 위해 거북의 등껍질을 이용했어요. 불구덩이에 거북의 등껍질을 던져 넣고 갈라지는 모습을 보고 앞으로 닥칠 일을 읽어 냈다고 해요. 이렇게 시대와 장소를 초월해 수없이 많은 사람들이 미래를 알아내려고 노력을 기울였지만 모두 소용없는 일이었어요.

과학자들도 미래를 알아내기 위해 수없이 많은 노력을 해요.
수백 년 후에 지구가 어떻게 변화될지를 여러 가지 관찰을 통해서 살펴요. 날씨의 변화, 지형의 변화, 빙하가 녹고 숲이 사라지는 것, 지진과 화산 폭발 같은 것들을 모두 기록하고 분석해 가까운 미래, 먼 미래의 일을 예측하는 것이에요. 이 노력으로 지구 곳곳에서 일어나는 크고 작은 재난에 대비할 수 있었지요.

누구도 미래가 어떨 거라고 확실하게 말하지는 못할 거예요.
그러나 미래는 오늘을 살고 있는 우리에게 달려 있어요. 우리가 오늘을 어떻게 사느냐에 따라 미래가 바뀐다는 것을 잊지 말기로 해요!

마르틴 라퐁 Martine Laffon
보이는 것에 대하여 수많은 질문을 던지는 것이 호기심을 기를 수 있는 좋은 방법이라고 생각합니다. 어린이를 위한 책을 많이 썼으며, 세계적인 베스트셀러인 "소피의 세계"를 프랑스어로 번역했습니다. 철학 박사이면서 프랑스 어린이책 출판사의 편집장이기도 합니다.

오르텅스 드 샤바네 Hortense de Chabaneix
외국의 어린이책을 프랑스어로 번역하는 일을 하면서 수년 전부터 글쓰기에 몰두하고 있습니다. 마르틴 라퐁과 함께 정기적으로 책도 만들고 있습니다.

자크 아잠 Jacques Azam
독학으로 그림을 공부하여, 지금은 프랑스의 유명한 잡지, 만화, 어린이책에 그림을 그리고 있습니다. 그린 책으로는 "두근두근 생일선물", "구린내 나는 말썽꾸러기 꽃기르기", "280가지 생각사전", "만다린과 카우" 시리즈 등이 있습니다. "만다린과 카우" 시리즈는 만화 영화로 제작되어 프랑스뿐 아니라 외국에서도 방영되었습니다.

원용옥
한양대학교에서 프랑스 언어와 문학을 공부하였습니다. 프랑스로 유학하여 루앙대학교에서 외국어 교수법 석사 학위를 받았고, 프랑스 문학 박사 과정을 수료했습니다. 한양대학교에서 학생들을 가르치기도 했으며, 지금은 통역과 번역 일을 하고 있습니다. 그동안 옮긴 책으로는 "집 없는 아이", "집 없는 소녀", "당나귀 꺄디숑"(공역), "말썽꾸러기 쏘피", "불통의 시대, 소통을 읽다"(공역), "똑똑해지는 과학 Q&A" 등이 있습니다.

교양학습 초등 전 학년을 위한 어린이 교양·학습 시리즈

삼국사기로 만나는 대무신왕 무휼
계일 글 | 백성민 그림

찬란한 고구려 역사 700년의 발판을 마련한 대무신왕! '위대한 전쟁의 신'이라 불린 대무신왕의 지혜와 전략을 알아본다.
*어린이문화진흥회 좋은어린이책 선정 도서

생각은 깊고 마음은 넓게
계일 글 | 김천정 그림 | 한국국학진흥원 기획

삼국 시대부터 조선 시대까지 많은 사람들에게 귀감이 되었던 인물들이 어려움을 극복해 가는 과정을 소개한다.

꼬마 과학자들
마크 매커천 글 | 존 캐넬 그림 | 이충호 옮김

어른들이 미처 생각하지 못하는 놀라운 상상을 현실 속에서 실현시킨 아홉 명의 어린이들의 이야기가 펼쳐진다.
*서울시립어린이도서관 선정도서, 한국출판문화산업진흥원 북토큰 선정도서

수수께끼로 동시 쓰기 365 ①
문삼석 글·그림

수수께끼와 귀띔 동시 185편 수록. 말소리의 혼동을 이용한 수수께끼 동시와 글자의 조합과 단어의 뜻을 이용한 수수께끼 동시가 들어 있다.
*한국출판문화산업진흥원 우수출판콘텐츠 제작 지원 당선작

수수께끼로 동시 쓰기 365 ②
문삼석 글·그림

수수께끼와 귀띔 동시 180편 수록. 모양, 쓰임새, 성질, 특징 등을 나타내는 수수께끼 동시가 들어 있다.
*한국출판문화산업진흥원 우수출판콘텐츠 제작 지원 당선작

똑똑해지는 과학 Q&A
베르트랑 피슈, 마크 베니에 글 | 파스칼 르메트르 그림 | 원용옥 옮김

어린이들이 궁금해하는 과학에 대해 전문가들이 그림과 함께 쉽고 재미있게 알려 준다.
*프랑스 교육부 선정, 청소년을 위한 우수 과학 도서상 수상

4차 산업 혁명을 이끄는 170가지 질문
마르틴 라퐁, 오르텅스 드 샤바네 글 | 자크 아잠 그림 | 원용옥 옮김

자아, 감정, 법, 도덕, 예술, 과학, 자연, 기술, 삶 등 일상생활에서 의문을 가질 수 있는 170가지 질문에 대해 명쾌한 답을 해 준다.

코딱지 먹는 고릴라
에마뉘엘 피게라 글 | 가엘 뵈리에 그림 | 원용옥 옮김

악취 나는 방귀나 냄새를 풍기고, 코딱지, 오줌, 똥을 먹는 등 우리가 몰랐던 동물들의 이상한 습관을 소개한다.